ANDREAS LEBERT/STEPHAN LEBERT

Anleitung zum Männlichsein

S. FISCHER

Satz: H & G Herstellung, Hamburg
Druck und Bindung: Clausen & Bosse, Leck
Printed in Germany
ISBN 978-3-10-042503-4

Inhalt

1. Kapitel

ALLES MUSS ANFANGEN

Ein Huhn & Ein Kellner & Warum die Autoren die Richtigen sind & Der letzte Satz

Es ist Montagmorgen. Wir, die beiden Autoren, sitzen in einem Café in Berlin und wollen damit anfangen, ein Problem zu lösen: die Trostlosigkeit des Mannes.

Wir bestellen Espresso, frischen Orangensaft, einmal Früchtemüsli und ein großes stilles Wasser. Am Nebentisch sitzt der Chef eines bekannten Event-Restaurant-Zeltes und hört einem jungen Mann in schwarzer Lederjacke zu, der ihm eine neue Clown-Nummer verkaufen will. Wir verstehen nicht alles, nur so viel: Der Gag dreht sich um ein überdimensionales Huhn.

Diese Szene kommt uns gerade recht. Denn von nun an werden wir alles verwerten, was wir sehen. Also, darf sich ein Mann in ein Hühnerkostüm zwängen und gackern? Darf sich ein Mann auf diese Weise lächerlich machen?

Klar darf er das. Das ist nicht das Problem. Allein schon deshalb, weil es relativ wenig als Hühner verkleidete Männer gibt. Das Problem, das wir lösen müssen, ist ein kollektives Problem, ein Identitätsverlust, der sich wie ein Virus von Mann zu Mann verbreitet. Man liest darüber schon in Studien, hört davon auf Psychologiekongressen: Der Mann weiß nicht mehr, was es bedeutet, ein Mann zu sein.

Wir sagen uns, dass wir die Richtigen sind für den Kampf gegen diesen Erreger.

Der eine sagt sich, dass er der Richtige ist, weil er neulich folgende Situation erlebt hat: Er will von der Frau, in die er verliebt ist, in einer dramatischen Nacht im Hotelzimmer die Entscheidung – für ihn, gegen den anderen Mann. Beim Reden sieht er sich zufällig im Schrankspiegel und gerät ins Stocken. Was ist es eigentlich, was er zu bieten hat?

Der Blick auf sich selbst, als Mann, wird ein zentrales Thema des Buches sein.

Der andere sagt sich, dass er der Richtige ist, weil er vor ein paar Jahren bei einem Hausarzt saß und auf eine Röntgenaufnahme blickte: mehrere verheerende, orangengroße Tumore in der Lunge des Vaters, der zu Hause nervös auf das Ergebnis wartete. Auf dem Weg zurück dachte er: Was sage ich? Verharmlosen? Verschweigen?

Der Mut, Dinge auszusprechen, die nicht auszusprechen sind, Dinge auszuhalten, die nicht auszuhalten sind – haben Männer das verlernt? Sicher ein Thema dieses Buches.

Am Nebentisch hört der junge Mann in der Lederjacke vom Zeltchef jetzt den Satz: »Wie gesagt, nicht uninteressant, das Huhn, vielleicht komm' ich mal auf Sie zu.« Er verabschiedet sich, der junge Mann bleibt sitzen, wählt eine Nummer in seinem Handy und sagt: »Ich bin's, ist super gelaufen.«

Anleitung zum Männlichsein. Wir werden vielen Männern begegnen. Zum Beispiel einem Hundeschlittenführer in Nordschweden in einer grotesken Szene: Eiseskälte, meterhoher Schnee, ein zugefrorener Fluss, als er einen ungehorsamen Husky ins Genick beißt, um ihm zu zeigen, wer die Nummer eins ist. Oder einem Unternehmensberater, der stundenlang der Frage nachgeht, was für die leichte Verspannung in seiner linken Schulter verantwortlich sein könnte, etwa das zu hohe Kopfkissen im Hotelbett. Oder, gleich hier, einem Rockpianisten, der im Übungskeller plötzlich von seiner Ehe erzählte und dabei den wunderbaren Satz sagte: »Ich wäre so gerne ein Macho, aber die Uschi lässt mich nicht.« Von Beruf ist der Mann übrigens Beamter beim Bundesnachrichtendienst in Pullach.

An dieser Stelle kommt bereits der erste Tipp in unserer Anleitung: Wenn jemand sich selbst, einen anderen Mann oder gar einen der Autoren in einer der Geschichten zu erkennen glaubt, dann möge er schweigen. Männliches Schweigen zum richtigen Zeitpunkt ist eine hohe Kunst.

Der Kellner bringt uns die Rechnung. 26 Euro 40. Wir werden ihn in den nächsten Wochen und Monaten öfter sehen. Er wird beinahe jedes Mal eine andere Frisur haben, blond gefärbt, schwarz gegelt, Experimente in dieser Richtung. Und von seinen Plänen wird er erzählen, virtuelles Reisebüro, eigene Galerie ... Ein netter Kellner. Für uns ist es gut, dass seine Ideen noch auf ihre Entdeckung warten.

Montagmorgen. Der Bestsellerautor John Irving beginnt seine Bücher immer mit dem letzten Satz. Er sagt, er kann keine Geschichte erzählen, ohne das genaue Ende zu kennen. Und obwohl er an seinen Romanen mehrere Jahre arbeitet, hat er diesen ersten letzten Satz noch nie geändert. John Irving ist unser Vorbild. Wir wissen zwar jetzt noch nicht, was am Ende unserer Arbeit vom Mann übrig bleibt. Aber eines wissen wir genau: den letzten Satz.

2. Kapitel

BITTE KEINEN BEIFALL

42 Millionen Frauen & Eine grausame Rache & 42 Millionen Frauen und 1 Stimme

Allein in Deutschland gibt es 40,3 Millionen Männer und 42,1 Millionen Frauen. Was bedeutet diese Zahl für unsere Arbeit? Wie sehr dürfen Frauen bei der Lösung unseres Problems mitreden? Stören Frauen auf dem Weg zur Wahrheit? Hören Männer ihnen zu viel zu? Oder zu wenig?

Es gibt eine Menge Theorien, die sagen, dass alles, was Männer tun, letztlich eine Reaktion auf Frauen ist. Zum Beispiel die Theorie von der ewigen Wunde des Mannes: Weil der kleine Junge erkennt, dass er nie so sein kann wie der Mensch, den er am meisten liebt, seine Mutter, muss er die Geborgenheit in der Welt anderswo suchen. Oder die Sache mit der Rache: Weil er als Teenager auf zuverlässigste und grausamste Weise von gleichaltrigen Mädchen zurückgewiesen wird, die sich nur für ältere Männer interessieren, rächt er sich später und tauscht auf zuverlässigste und grausamste Weise ältere Frauen gegen junge Mädchen aus. Und dann gibt es noch die durch Studien belegte These, dass Männer nur deshalb Witze machen, um das Lachen einer Frau zu gewinnen, dass ein Mann unter einer Frau mit Humor versteht, dass sie über seine Witze lacht.

All das stimmt sicher, und wir lassen es trotzdem beiseite. Wir konzentrieren uns vielmehr auf einen zentralen Wesenszug der Frau, den Wesenszug, sich überall einzumischen, sich an passender oder unpassender Stelle zu Wort zu melden, uns zu stören und zu verstören, mir nichts dir nichts einen Gedanken durcheinander zu bringen oder ein ganzes Leben. Das ist der Sound, der jeden Mann begleitet – ob er es gut findet oder nicht. Wir, die beiden Autoren, leisten uns in diesem Buch einen einmaligen Luxus: Wir bestimmen, wann wir diesen Sound hören wollen.

Frauen legen ja großen Wert auf ihre Individualität, auf Besonderheit von Situationen, Differenziertheit von Gefühlen, Frauen sagen gerne, das kann man nicht vergleichen und mich schon gar nicht. Das interessiert uns diesmal nicht. Wir treffen eine Entscheidung: Wenn man so will, verdichten wir 42,1 Millionen Frauen zu einer einzigen Stimme. Denn wir wissen ja, was Frauen immer so sagen. Die Stimme meldet sich, wie man im Film sagen würde, ein paar Mal aus dem Off. Und zwar dann, wenn wir meinen, dass sie etwas beitragen kann, zum Beispiel in den Kapiteln 4, 6 und 10, sonst nicht.

Dies führt uns unmittelbar zum zweiten Ratschlag in der Anleitung zum Männlichsein: Frauen zuzuhören ist ein Gewinn. Männer neigen zur Versteinerung, von Ansichten, Gewohnheiten, Gefühlen. Frauen können einen da rausholen. Aber: Wehe, wir wollen ihren Beifall, wehe, wir fangen an, Dinge zu tun oder zu lassen, nur damit Frauen applaudieren. Das ist eine Falle, in der Männer alles verlieren, was sie ausmacht.

3. Kapitel

WILLKOMMEN IN DER GESCHLOSSENEN GESELLSCHAFT

Eine Masse Mann & Ein verbrühter Frosch & Die Was-sollen-wir-tun-Gremien & Rede eines Ministerpräsidenten

Wir stellen uns einen Raum vor, in dem sich fünf Männer befinden: Einer, ein Jurist, überlegt, was er beim fünfzigsten Geburtstag seiner Frau in seiner Rede sagen soll. 22 Jahre ist er mit ihr verheiratet. Ein Leben muss da beschrieben werden, auch sein Leben. Das bringt ihn in Schwierigkeiten.

Ein anderer, schwarzer Anzug, schwarze Krawatte, war auf der Beerdigung seiner Tante. Er sagt, mir geht das sehr nahe. Ich musste weinen, sagt er. Versucht er, große Gefühle auszudrücken oder überhaupt welche zu haben?

Ein ziemlich junger Mann ist auch dabei, 19. Er muss eine Entscheidung treffen, leichte Sache, könnte man denken, es dreht sich nur darum, wie sein nächstes Jahr aussieht. Nach dem Abi gleich studieren, aber wo? Vielleicht erstmal eine Reise machen, aber wohin? Er quält sich wirklich damit, sich und seine Umgebung, und alles kreist seit Monaten um die Frage: Wird es mir gut gehen?

Der Vierte, von Beruf Unternehmensberater, hat eine verspannte linke Schulter und zieht alle anderen in die Überlegungen mit hinein, ob es klug ist, wenn er morgen seinen Flug antritt. Dieser Typ Mann, der wehleidige Stadtneurotiker, mag ja mal charmant gewesen sein – als

Original. Der Unternehmensberater ist eine Karikatur, bei der man sich fragt: Was macht er eigentlich, wenn mal etwas Gefährlicheres auftaucht?

Unser fünfter Mann ist gerne bei den Gewinnern. Wir sehen ihn am Telefon auf und ab gehen. Eigentlich hat er eine schlechte Nachricht erhalten. Das Projekt, an dem er gearbeitet hat, soll plötzlich gestoppt werden. Ein Schauspiel ist zu beobachten: Wie man eine Niederlage nicht nur an sich abprallen lässt, sondern mit wenigen Worten die Seite wechselt. Das geht so. Satz 1: Jetzt kann ich es Ihnen ja sagen, ich hatte immer meine Bedenken. Satz 2: Für Sie ist es natürlich unangenehm, aber ich helfe Ihnen, wo ich kann.

Wir wollen an diesen fünf Männern etwas zeigen.

Was ist so schwierig, eine Geburtstagsrede für seine Frau zu halten? Ein paar Anekdoten erzählen, große Momente wieder aufleben lassen, von den Abenteuern berichten, die sie zusammen bestanden haben, weißt du noch, als ich … Weißt du noch, als wir … Reden halten kann er doch, der Jurist im Vorstand eines großen Konzerns. Da hat er Routine, muss Zahlen interpretieren, Strategien entwickeln, mit Etats jonglieren … Das Problem diesmal ist die Aktenlage: nichts erlebt, keine Geschichten, von wegen Abenteuer. Und die eine Episode, wie er seine Frau kennengelernt hat, langweilt inzwischen auch den letzten Cousin. Kein Assistent, zu dem man jetzt sagen kann: Ich brauche besseres Material. Für einen Augenblick wird dem Mann klar, dass das graue Regelwerk seines beruflichen Alltags längst von ihm Besitz ergriffen hat, dass seine Familie längst keine bunte Gegenwelt mehr ist. Deshalb ist er inzwischen in Gesprächen zum Verzweifeln langweilig. Und deshalb weiß er jetzt nicht weiter.

Was ist falsch daran, dass ein junger Mann am Grab seiner Tante weint? Nichts, wenn wir ihn dort stehen sehen würden. Wir sehen ihn aber in einem Raum, wo er nur davon redet, Gefühle als Smalltalkstrom auf der Kommunikationsebene, tadellos formuliert. Es wirkt so wie die mediale Aufbereitung, heute der Bericht über die Tante, vor ein paar Tagen die Beschreibung der Verletzung durch die Freundin. Merkwürdigerweise ist man nie live dabei, sieht den Mann nie angeschlagen, einmal sprachlos, ohne Worte.

Der 19-Jährige. Hat man nicht mal gedacht, dass ein junger Mann seine Umgebung dadurch quält, dass er die anderen Männer verdammt alt aussehen lässt? Weil er so wütend ist, so egoistisch, dauernd Mauern einreißen will, weil er so viel Energie hat, so viel Lust, genug ist nie genug ... Mag ja schon immer auch ein wenig Wunschbild gewesen sein, the angry young man. Jetzt haben wir jedenfalls das Gegenteil. Für unseren 19-Jährigen ist James Dean höchstens eine Stil-Ikone: welche Jeans? Welche Schuhe? Er ist durchaus unterwegs, reist durch die Welt, hat schon viel gesehen, interessiert sich aber letztlich nur für sich selbst, allerdings auf eine zahnlose Art, immer im Gefängnis der eigenen Befindlichkeit, immer in Sorge, immer den eigenen Puls kontrollierend. Wenn er auf ein Fest geht, wird ihn vorher vor allem eine Frage beschäftigen: Was ist, wenn ich dort niemanden kenne?

Der Unternehmensberater wird seinen Flug absagen. Wir kennen ihn. Seine Schulter, seine Stirnhöhlen, seinen Magen, seine Probleme mit dem Meniskus (Squash). Für die Menschen, die er in Zürich hätte treffen sollen, ist sein Ausfall eine herbe Sache. Wer übernimmt seinen Part? Wer legt eine zusätzliche Nachtschicht ein, um sich sein Thema anzueignen? Hat sein Fernbleiben möglicherweise Auswirkungen auf das berufliche Schicksal anderer? Aber das hält er nicht für sein Problem.

Was unseren letzten Mann betrifft, der so schnell umschalten kann: Warum merkt er nicht, wie ekelhaft es ist, dass er für nichts eintritt? Warum sagt es ihm keiner? Und warum kommt er damit durch?

Diese fünf Männer haben wir uns in einem Raum vorgestellt. Man könnte sagen als moderne Art des Theaterstückes »Geschlossene Gesellschaft« von Jean Paul Sartre: fünf trostlose Gestalten, die aber nicht sich selbst, sondern den anderen die Hölle bereiten.

Doch leider muss man sagen, es handelt sich hier nicht um verirrte Individuen. Diese fünf Männer sind Prototypen, Virusträger. Und noch schlimmer: Sie sind keine geschlossene Gesellschaft, sie verkörpern unsere Gesellschaft. Die männliche Seite.

Der Mann hat seine Identität verloren. Die alten Bilder – Jäger, Cowboy, Ritter – hat er der Lächerlichkeit preisgegeben, neue hat er nicht entworfen. Die Frauen haben gezeigt, dass es auch anders geht. Sie haben eine jahrzehntelange Diskussion hinter sich, im Wissen um den Unterschied zwischen den Geschlechtern, in der Gewissheit, dass das Geschlecht einen zentralen Teil der eigenen Identität ausmacht. Was heißt es, Mutter zu sein? Tochter? Ehefrau? Geliebte? Was bedeutet es, wenn eine Frau Chefin wird – für sie selbst und für den Rest der Welt? Es gab Manifeste für Mütter, gegen das Kind als Frauenfalle. Vor keiner Verästelung in Lebensläufen wurde Halt gemacht, selbst Hurengruppen rückten die Identität als Frau in den Mittelpunkt. Große und kleine Fragen wurden bis zur Selbstzerfleischung debattiert: Wie hat mich der Tag verändert, an dem ich erfahren habe, dass ich schwanger bin? Darf man als Philosophieprofessorin Highheels anziehen?

Wie auch immer die einzelnen Antworten ausfielen: Jede Frau weiß, was es heißt, eine Frau zu sein.

Wir Männer haben wie bei einem Varieté zugeschaut, amüsiert, manchmal angewidert, oft verständnislos. Ein merkwürdiges Publikum, das nicht begriffen hat, dass es selbst in die Manege hätte gehen müssen. Nicht in die der Frauen, sondern in die eigene.

Die Trostlosigkeit des Mannes. Wir diagnostizieren: Er weiß nicht, wie Mut sich heute definiert. Er weiß nicht, wie er dem Begriff Jagen neuen Inhalt geben kann. Er ist ratlos, was er seinem Sohn weitergeben soll. Er weiß nicht, wie er Frauen als Mann gegenübertreten soll. Er führt langweilige Gespräche über Handys, Autos, Golfhandicaps, weil er nichts zu erzählen hat. Wenn es nur Männer geben würde, könnte kein Theater existieren, kein Opernhaus, kein Buchverlag, es gäbe kaum Zeitschriften, praktisch keinen Kulturbetrieb. Frauen sind die Leser, Zuhörer, Zuschauer, die Interessierten, die sich anregen und aufregen lassen. Nur eine Zahl: Drei Viertel der Buchleser sind Frauen.

Ein ewiger Klassiker in der Diskussion zwischen Männern und Frauen hieß früher: Dürfen Männer Schwäche und Angst zeigen? Dieser Klassiker ist tot. Das hat damit zu tun, dass sich heute eine ganz andere Frage aufdrängt: Sollte ein Mann nicht wenigstens ein einziges Mal in seinem Leben eine Schwäche oder eine Angst einfach runterschlucken? Der Typ John Wayne ist oldfashioned, klar. Aber er hatte ein Koordinatensystem. Er wusste, welche Dinge man tut, weil man ein Mann ist. Und er wusste, welche Dinge man nicht tut, weil man ein Mann ist. Und heute?

Es gibt allein in Deutschland 41 Millionen Männer. Bei dieser Masse ist die Identitätskrise des Mannes keine

Sache von ein paar Therapeutensitzungen in Altbauwohnungen. Die graue, konturlose Masse Mann verklebt die Kraftadern der Republik.

Wirtschaft: Egal, welche Branche, egal, welches Ding, egal, ob sie Anzug tragen oder leger daherkommen, sie haben ihr Arbeitsleben auf gespenstische Weise genormt. Der Mann als Manager sitzt Tag für Tag, Stunde um Stunde in Konferenzräumen, die Gremien tagen bis tief in die Nacht. Und dort geht es, egal welche Branche, egal welches Ding, immer nur um eine Frage: Was sollen wir tun? Am Ende wird diese Frage immer an ein anderes Gremium delegiert. Die Was-sollen-wir-tun-Gremien bestimmen längst in allen Stufen des Managements den Alltag. Der einzelne Mann verschwindet in diesen Gremien. Die offizielle Sprachregelung, die er wie ein Mantra vor sich herträgt, heißt: Wir brauchen Kreativität, Entschiedenheit, Individualität. Das Gegenteil ist richtig: Kreativität wird von einem neuen Gremium in Wochenendseminaren organisiert, moderiert von einem Coach. Entscheidungen werden nur im Konsens getroffen, dutzendfach abgesichert, damit auf keinen Fall ein Einzelner wirklich verantwortlich ist.

Warum wehrt sich der Mann nicht? Obwohl er manchmal nachts in Hotelbars von seinem Scheißleben spricht. Warum wehrt er sich nicht gegen die Floskeln einer Kunstsprache, gegen die eigene Gesichtslosigkeit? Ist es nur das Geld, das ihn mitspielen lässt? Ist es die spießige Furcht, aus der Sicherheit der Gemeinschaft auszuscheren und allein dazustehen?

Es gibt ein grausames Experiment: der Frosch und das heiße Wasser. Wird ein Frosch in einen Topf mit kochend heißem Wasser geworfen, springt er sofort heraus und überlebt. Befindet er sich in einem Topf mit kaltem

Wasser, das auf einem Herd ganz langsam zum Kochen gebracht wird, versäumt er den Zeitpunkt seiner Rettung und lässt sich verbrühen.

Wir fahren fort in der Diagnose. Politik: Auf die Frage, warum er nicht in die Politik gehe, hat der amerikanische Schauspieler George Clooney sinngemäß geantwortet, er könne nicht in die Politik gehen, weil er in seinem Leben zu viel Quatsch gemacht habe, sein Lebenslauf biete viel zu viele Angriffspunkte. Diese Aussage kann man umkehren und fragen: Was muss man denn in seinem Leben gemacht haben, um heute ein erfolgreicher Politiker zu werden? Möglichst wenig Quatsch, möglichst wenig Widersprüche, möglichst wenig, was Angriffspunkte liefert. Gesucht wird also ein Teflon-Lebenslauf. Teflon ist ein besonderes Material: eine graue Oberflächenbeschichtung, an der nichts kleben bleibt, die immer wie neu aussieht und nie Patina bildet. Nur eines ist verboten: daran kratzen darf man nicht. Besonders lächerlich wirkt in diesem Zusammenhang die tausendfach formulierte Sehnsucht nach den Originalen alter Zeiten: Mein Gott, der Strauß, was war das für ein Typ. Wie der auf den Tisch gehauen hat … Und wurde der nicht in New York mal von Prostituierten ausgeraubt? Der Wehner und sein düsteres Schweigen, die kalte Arroganz eines Helmut Schmidt. Ein Willy Brandt, der vor der Weltöffentlichkeit auf die Knie fiel. Aus dieser Sehnsucht ist eine Art Phantomschmerz geworden. Wenn einer wie Friedrich Merz in zahllosen Interviews seine wilde Jugend zelebriert und sich dann herausstellt, was genau er darunter versteht: zwei, drei Fahrten mit einem Mofa, ein Bier intus. Wenn einer wie Westerwelle seine Kunst, das Leben zu genießen, beschwört und sich dann herausstellt, was er darunter versteht: eine Woche im Jahr am Strand, ein Stündchen Beach-Volleyball.

Bei Bratpfannen sind die Teflon-Eigenschaften deshalb so beliebt, weil man Spiegeleier auch ohne Fett braten kann und weil die Reinigung ein Kinderspiel ist. Politiker mit Teflon-Lebensläufen haben auch eine besondere Qualität: Sie verstehen sich blind, sie fördern einander, andere Charaktere mit anderen Lebensgeschichten werden abgestoßen und ausgesondert. Man kann es so sagen: In Sachen Machterhalt macht ihnen keiner was vor. Das Problem ist nur, bei Wehner, Schmidt und Co. hat man viel später erfahren, welche Diadochenkämpfe sie im Hintergrund geführt haben. Im Vordergrund, also in der Öffentlichkeit, stand das Ringen um politische Inhalte. Heute gibt es vor und hinter den Kulissen immer nur das gleiche Spiel: Männer wollen oben bleiben – warum, wofür, völlig egal.

Eigentlich ist es erstaunlich, dass die Männer in der Politik auf etwas verzichten, was zu den wichtigsten und attraktivsten Merkmalen eines Mannes gehört, die besonderen Farben der eigenen Vergangenheit. Wie aggressiv unsere Teflon-Leute reagieren, wenn einer solche Farben vorweisen kann, lässt sich am Beispiel Joschka Fischer vielfach studieren. Nur eine Szene, die beinahe etwas mit Hass zu tun hatte. In der Frankfurter Oper, irgendwann vor der Bundestagswahl 2005, sprach ein deutscher Ministerpräsident vor ausgewählten Unternehmern. An sich war Wirtschaft sein Thema, und an sich war das ganze eine Feier, Rotwein stand auf den Tischen, aber dann brach es plötzlich aus ihm heraus: Wir werden diesen ungebildeten Straßenschläger aus dem Auswärtigen Amt jagen. Man spürte ganz genau, es ging hier nicht darum, dass ein Linker angegriffen wird. Der Beifall hatte einen anderen Grund: Die Masse Mann applaudierte sich selbst.

4. Kapitel

DIE FRAUENSTIMME:

Wofür brauche ich Dich?

Weißt Du eigentlich, wann für mich klar war, dass ich mit Dir leben will? Das war an einem richtigen Scheißtag, morgens schon Kopfweh, kaputtes Auto, Riesenärger im Job. So kam ich abends zu Dir und hab dich zugetextet. Und Du hast einen wunderbaren Satz gesagt: »Soll ich meinen Blaumann anziehen oder eine Flasche Rotwein aufmachen?« Ich hab den Satz so verstanden, wie Du ihn gemeint hast: »Soll ich was tun? Oder wollen wir reden?« Ich war glücklich in diesem Moment. Da hat einer kapiert, was ich will. Weißt Du eigentlich, dass es so einfach ist mit mir?

Und weißt Du eigentlich, worüber ich heute nachdenke? Du merkst doch gar nicht mehr, wenn ich Ärger hatte, Du siehst mich doch gar nicht mehr.

Reden tu ich mit Freundinnen, und wenn's was zu tun gibt, mach ich's selber. Darüber denke ich nach: Wer bist Du eigentlich? Und wofür brauche ich Dich?

5. Kapitel

WIR MACHEN UNS MUT

Peppone gewinnt das Wetttrinken &
Eine Kündigung & Die dritte und vierte Anleitung zum Männlichsein

Es ist Sonntagmorgen, und man sieht uns, die beiden Autoren, in dem Berliner Café sitzen. Der Kellner trägt ein violettes Guns'n Roses-Kopftuch und stochert schimpfend mit einem Messer in der Milch-Aufschaumdüse der Espressomaschine herum. Ein Kollege geht vorbei und sagt: »Hast Du's bald?«

Wir machen uns Mut. Und versuchen es mal mit Geschichten. Jeder soll eine erzählen.

Erste Geschichte. Schauplatz ist das Trainingszentrum des FC Bayern in der Münchener Säbener Straße. Ein Interview mit Franz Beckenbauer ist zu Ende. Beim Verlassen des Büros sieht man ganz kleine Fußballspieler, sechs, sieben Jahre alt, in viel zu großen roten Trikots aus den Umkleidekabinen auf den Platz rennen. Ein Junge hält sich zurück, bleibt alleine im Ausgang stehen. Kurze Stoppelfrisur und deutlich abstehende Ohren. Es ist überraschend, dass Beckenbauer mitten in unserem Gespräch diesen Jungen bemerkt. Er war gerade etwas ungehalten, warum er jetzt auch noch Zeit für einen Fotografen aufwenden muss (»Ihr wisst doch, wie ich ausschau.«). Er bleibt stehen, verlässt uns, geht ein paar Schritte und tritt hinter den Jungen. Er legt ihm die Hand auf die Schulter und sagt: »Magst net naus?« Der Bub dreht sich um, blickt nach oben, und die Ohren kriegen die Farbe einer Blutorange. »Das Gefühl kenn ich«, sagt Beckenbauer, »ich weiß noch ... Mailand zum Beispiel, San Siro Stadion. Mei, hab ich eine Angst gehabt, Angst davor, da einzulaufen.«

Seine Hand ist immer noch auf der Schulter des Jungen. Beckenbauer geht in die Knie, um auf Augenhöhe zu sein. Und er redet weiter. »Das wird Dir noch oft im Leben passieren, nicht nur beim Fußball. Dass man irgendwo ist und Angst hat vor dem, was jetzt kommt. Da gibt's nur ein Rezept: Jetzt gehst naus und zeigst es ihnen.«

Und man sieht den Jungen – inzwischen glüht sein ganzer Körper – hinauslaufen auf den Rasen, seiner Mannschaft hinterher.

Eine nette Geschichte, an die wir uns gern erinnern. Aber ganz sicher wird sich der kleine sechsjährige Bayernspieler immer wieder, wahrscheinlich sein Leben lang, an diesen Moment erinnern, an die Hand auf seiner Schulter und die ernsten Worte, die nichts von dem üblichen Geschwätz von Erwachsenen zu Kindern hatten.

War dieser Moment vielleicht deshalb so bemerkenswert, weil Beckenbauer mitfühlend und hilfreich war?

Ja und nein. Er war mitfühlend, von Mann zu Mann gewissermaßen. Aber er war nicht hilfreich im herkömmlichen Sinn. Er hätte ja auch sagen können: Komm, wir gehen zusammen. Ich red mal mit dem Trainer. Oder: Wenn Du nicht magst, dann lass es, es kommen auch wieder andere Tage. Er hat das Problem des Jungen nicht aus der Welt geschafft.

Unsere dritte Anleitung zum Männlichsein, diesmal Copyright Franz Beckenbauer: Wer bist Du? Wer bin ich? Das muss immer klar sein. Anteilnahme ja, aber kein larmoyantes Wir-Gefühl. Grenzen setzen statt sie zu verwischen. Ein Mann erinnert sich und andere, dass es Probleme gibt, die nur in eigener Verantwortung zu lösen sind.

Der Kellner hat inzwischen sein Problem mit der Milch-Aufschaumdüse gelöst, der Cappuccino steht vor uns. Unsere Stimmung wird besser. Wer bist Du? Wer bin ich? Das ist ein Thema, bei dem sich Männer von Frauen unterscheiden. Frauen verwischen gerne diese Grenze, wollen in einen hineinkriechen, Gemeinsamkeit ist eine ständig formulierte Sehnsucht. Was daran nervt: die Nörgelei an allem, was man ohne sie, die Frau, macht, Drachenfliegen, Angeln, Pokern. Es ist grundfalsch, wenn wir es uns deshalb abgewöhnen. Diese Grenzen sind unsere Domäne.

Unsere Stimmung ist besser, weil wir etwas gefunden haben, was in dem späteren Kapitel »Der Mann als Vater« eine große Rolle spielen wird: Was gibt ein Mann an seinen Sohn weiter?

Die nächste Geschichte: Sie handelt von einem Mittagessen im Hotel Frankfurter Hof. Der Mann, um den es uns geht, ist Verkaufsleiter bei einem großen Pharma-Unternehmen, sein Name: Wolfgang Exner. Sein Geschäftsführer hat ihn zu diesem Lunch gebeten. Nichts Besonderes, das machen sie in regelmäßigen Abständen. Sie hatten sich das angewöhnt: dies und das unter vier Augen zu besprechen, um Dinge zu entscheiden und voranzutreiben.

Aber diesmal war es so nicht. Der Geschäftsführer hatte einen Herrn Kossnik mitgebracht und stellte ihn unserem Verkaufsleiter vor. Und es fielen dabei Worte wie »Umstrukturierung«, »neue Kompetenzfelder«, »innovativere Koordination von Geschäftsbereichen«.

Es war ein schöner Sommertag, sie saßen draußen, die Terrasse des Frankfurter Hofs leuchtete. Bei der Verabschiedung sprach der Geschäftsführer von seiner Hoffnung, die beiden Herren mögen in Zukunft gut zusammenarbeiten.

Aus dieser Hoffnung wurde gar nichts. Denn der Verkaufsleiter setzte sich in seinen Wagen, fuhr nach Hause und schrieb seine Kündigung. Er fand die Tatsache, dass ein Teil seines Verantwortungsbereiches künftig von Herrn Kossnik bestimmt würde, unerträglich. Und die Art und Weise, wie er damit überrascht wurde, erst recht.

Was uns an dieser Geschichte so besonders gut gefällt: Der Mann ist schon Ende vierzig, hat schulpflichtige Kinder, und zwar fünf, er hat auch ein Haus abzubezahlen. Und die weltweiten Fusionen in der Pharmabranche haben zur Folge, dass die Jobs seit Jahren weniger und nicht mehr werden.

Er war also mutig, sehr mutig, als er diese Kündigung schrieb. Bedenkenträger würden sagen, es war dumm, ausgesprochen dumm.

Anleitung zum Männlichsein, Nummer vier: Kommt es nicht gerade darauf manchmal an: dass man Bedenken ausblendet? Die große Hochrechnung macht bewegungslos. Jeder muss für sich entscheiden, wann eine Situation für ihn nicht zu ertragen ist. Wenn sie nicht mehr zu ertragen ist, muss er etwas tun. Ein Mann verharrt nicht in einer für ihn unerträglichen Situation.

Wolfgang Exner war ein Nachbar von uns, den Autoren. Wir haben zum Beispiel mit ihm Fußball gespielt und können auch deshalb beurteilen: Für ihn lief immer irgendein Wettkampf, den er auch gewinnen wollte, mit allem Einsatz. Wenn wir ihn jetzt vor unserem geistigen

Auge aufmarschieren lassen, dann sehen wir ihn auf einer grünen Wiese, in kurzen Hosen, wie er seinen sechsjährigen Sohn Jürgen nach einem Abwehrfehler lautstark ins Gebet nimmt und ihm erklärt, es handle sich hier zwar um ein Spiel, aber um ein sehr ernstes.

Ein anstrengender Mann ist er, der Exner, für jegliches Umfeld. Die Eigenschaft, schnell und entschlossen Konsequenzen zu ziehen, hat ihn in seinem Berufsleben ganz schön umhergeworfen, nach oben wie nach unten. Wir haben ihm jahrzehntelang dabei zugeschaut, und für uns ist er ein Beleg dafür, dass das Leben Mut immer irgendwie belohnt. Zum Beispiel diese Kündigung damals: Kurz darauf wurde Wolfgang Exner selbst Geschäftsführer in einer anderen großen Firma.

Franz Beckenbauer, Wolfgang Exner. Nächster Mann: Giuseppe Botazzi, Sieger eines legendären Wetttrinkens. Sein Gegner: ein dicker, grimmiger Russe. Beide haben große Gläser vor sich, die ständig mit Wodka aufgefüllt werden. Wer hält länger durch? Das Besondere an diesem Wetttrinken: Giuseppe Botazzi will eigentlich nicht trinken und schon gar nicht gewinnen. Er muss nur. Er, der italienische Kommunist, ist auf einer Reise zu Parteifreunden in die Sowjetunion in eine gefährliche Lage geraten, muss Zeit gewinnen und die Aufmerksamkeit des ganzen Ortes so lange wie möglich auf sich ziehen. Ein großer Saal, hunderte johlender Russen feuern die beiden Trinker an.

Vielleicht kommt dem einen oder anderen diese Szene bekannt vor. Giuseppe Botazzi hat nämlich einen Spitznamen: Er wird Peppone genannt. Der berühmte Peppone. Mit dem noch berühmteren Gegenspieler: Don Camillo. Für ihn, für den katholischen Pfaffen muss Peppone weit über die Kräfte seiner Leber gehen. Denn keiner darf wissen, dass 1. ein Pfarrer in der Delegation dabei ist und 2. dieser Pfarrer zur selben Zeit in einer Kirchenruine heimlich Kinder tauft.

Wir erzählen uns diese Filmepisode, weil sie für uns eine echte Heldengeschichte ist. Die Großaufnahme seines Gesichtes. Am Anfang, nach der ersten Flasche Wodka, nach der fünften. Ein Mann schluckt alle Widrigkeiten des Lebens.

Das Ende: Don Camillo kommt von seiner Mission zurück ins Quartier der Delegation. Peppone liegt in seinem Zimmer, quasi aufgebahrt, ohne Bewusstsein. Besorgte Parteifreunde stehen um das Bett. Einer zischt Don Camillo an: »Peppone hat das Wetttrinken gewonnen.«

Die beiden Autoren haben die Eigenschaft, mit diesem einen Satz, »Peppone hat das Wetttrinken gewonnen«, immer wieder, egal wo, egal wie oft, gern zum tausendsten Mal, bei sich selbst große Heiterkeit auszulösen. Und sie verbitten sich jede Art von Kritik an dem herausragenden Witz dieser Geschichte. Nur diesmal, jetzt in diesem Café, beim Kreisen um das Thema Männlichkeit, wirft die Erzählung der Filmszene stattdessen plötzlich eine Frage auf: Wann haben wir zum ersten Mal »Don Camillo und Peppone« gesehen?

War es ein Samstagabend? Vermutlich. Wir erinnern uns an dieses Ritual Fernsehen: Abendessen. Kommt heute was Gutes? Den Tisch hat unsere Mutter abgeräumt, nie der Vater. Er hat aber dann ungeduldig in die Küche gerufen: »Komm jetzt, Ursel, es geht los.«

In dieser Atmosphäre haben wir viele Männer kennengelernt, den Sheriff Bill Kane aus »12 Uhr mittags« zum Beispiel, der auf die Frage »Angst?« geantwortet hat: »Scheint so.« Oder den traurigen Kriminalschriftsteller Holly Martins aus »Der dritte Mann«, der von der Frau, der er soeben seine Liebe gestanden hat, die Antwort bekommt: »Wenn mich jemand fragen würde, ob Sie einen Schnurrbart haben – ich wüsste es nicht.«

Fast merkwürdig, dass uns bei dieser Erinnerung auf einmal so besonders klar wird, dass wir Brüder sind. Dass es keine Kleinigkeit ist, dieselben Bilder mit sich herumzutragen – und zwar nicht nur aus Filmen, nicht nur vom Vater. Auch von Großvätern, Onkeln, Freunden der Familie.

Dieselben Bilder. Der große Hof des Waisenhauses, wo Opa Bruno Hausmeister war. Sein Weg über den Kies im blauen Kittel, die Handbewegung, mit der er seine Werkstatt aufschloss, wo es nach Fett, Eisen und Leder roch. Die unglaubliche Sicherheit, die er ausstrahlte, die Ruhe, die von ihm ausging, wenn er arbeitete. Das hatte etwas damit zu tun, dass er sich nie ablenken ließ. Wenn er etwas tat, dann tat er es, nichts sonst. Wir sind uns sicher, Bruno war mit seinen Gedanken nie woanders.

Männer unserer Erinnerung. Der eine konnte sich nie entschuldigen, der andere wollte nicht, dass wir Jungen weinen, egal was passiert ist.

Was steckt davon noch in uns? Wovon müssen wir uns spätestens jetzt verabschieden? Müssen wir uns der Tatsache stellen, Durchlauferhitzer der Vergangenheit zu sein? Oder ist doch vielleicht ein neues Programm angesagt?

6. Kapitel

DIE FRAUENSTIMME:

Wie wäre es ohne Dich?

Es ist leicht, Dich zu lieben, wenn Du nicht da bist. Du bist dann nur eine Idee, eine Vorstellung, nach der ich mich sehne. Zu dieser Idee von Dir kann ich sagen: Komm nach Hause, ich will Dich, ich brauche Dich. In meinen Gedanken fügst Du mir und meinem Leben etwas hinzu, was ich nicht habe.

In der Wirklichkeit, also wenn Du da bist, tust Du es nicht. Dein Es-ist-doch-schon-acht-Uhr-Blick, deine Ich-weiß-es-auch-nicht-Antworten, deine Was-schenken-wir-meiner-Mutter-Frage …

Wenn ich nur an Dich denke, sind wir verbunden. Ich stelle mir vor, Du siehst etwas für mich, Du entdeckst etwas für mich, in mir.

Ich glaube, das würde ich am meisten vermissen, wenn Du aus meinem Leben verschwinden würdest – die Idee von Dir: mein Mann.

7. Kapitel

NÄCHSTES JAHR KEINEN SEX !

Eine gefährliche Tür & Weibliches Fleisch ist anders & Seneca und der dicke Ungar & Ein Brief an den Mann ohne Eigenschaften & Feigheit

Dieses Kapitel fangen wir mit einem Umweg an. Einer der beiden Autoren stand einmal bei einer Galerie-Eröffnung neben einem Profi: Jahrzehnte selbst erfolgreicher Bildhauer gewesen, jetzt Architekt, ein schmaler Mann, kurze Haare, Roth-Händle-Zigarette im Mund. Die beiden hatten sich verabredet. Der Autor jetzt ein bisschen unsicher, was man so sagen soll über die Bilder – zu ihm, dem Kenner. Als hätte der das gemerkt, erlöst er ihn, indem er ein Rezept verrät: nicht reden über Kunst, während man sie anschaut, niemals, sondern schweigend darauf warten, ob und was sie in einem bewirkt.

Das ist lange her, aber bis heute muss der Autor an diese Sätze denken, in jeder Ausstellung, in jedem Museum, immer wenn er Kunst sieht, sind sie ihm eine Hilfe.

War ein interessanter Mann, dieser Künstler, wurde ein Freund. Inzwischen ist er gestorben. Erst nach seinem Tod erzählte seine Witwe, die vierzig Jahre mit ihm verheiratet war, eine merkwürdige Geschichte über ihn: Sie waren beide Studenten, Anfang zwanzig, schon eine Weile ein Liebespaar. Auf einer Silvesterparty verkündete er einen Beschluss: nächstes Jahr keinen Sex.

Wie bitte?

Ja, er will weiter mit ihr zusammen sein, aber im nächsten Jahr keinen Sex mit ihr.

Sie dachte natürlich zuerst, dass sein Beschluss viel mit dem Badischen Wein zu tun hatte und am Tag darauf zusammen mit den leeren Flaschen im Mülleimer verschwinden würde. Aber so war es nicht. Er meinte diesen Handel ernst. Die Alternative wäre die Trennung gewesen. Sie beriet sich mit ihren engsten Freundinnen, was sie davon hielten. Die Antwort war klar: Lass diesen Typen, vergiss ihn, auf so was darf man sich nicht einlassen, das geht nie gut. Bis heute weiß sie nicht, warum er das so haben wollte. Sie beschloss damals, nicht zu fragen, und später auch nicht, während ihrer langen Ehe (mit viel Sex). Sie hatte sich darauf eingelassen, und es war gut gegangen.

Was soll die Geschichte hier am Anfang dieses Kapitels über Männer und Frauen? Sie taugt nicht als Vorbild, um Gottes Willen. Sie sagt nur eines: Der Künstler hatte für sich eine Entscheidung getroffen, einfach nur, weil er es so wollte. Und er hatte keine Angst vor den möglichen Folgen. Die Individualität eines Mannes. Dafür ist er ein Beispiel. Bedeutet es etwas, dass wir hier mit einer Geschichte beginnen, die schon so lange her ist? Vielleicht.

Wenn dieses Buch ein Dokumentarfilm wäre, käme jetzt eine Nahaufnahme: ein junges Paar im Bett, links der Mann, rechts die Frau. Die Kamera zeigt Haut, bis in die Poren, Haare, Schweiß, sie kümmert sich jetzt nicht um Ästhetik, um Intimität. Wir befinden uns in einer Schlüsselszene: Dafür, nur dafür hat die Evolution die Geschlechter erfunden.

Der Mann und seine Sexualität, ein brutaler Exkurs: Männer, egal, wo auf der Welt, vergewaltigen, zerstückeln wehrlose Frauen, egal, wie alt sie sind. Massenhaft, millionenfach tun sie das, wenn sie Soldaten sind, das heißt: wenn sie glauben, die Macht zu haben, wenn sie meinen, niemand zieht sie dafür zur Rechenschaft. Man kann es nicht anders sehen: Diese abscheulichen Taten sind im Mann angelegt. Angesichts dieser Tatsache bleibt einem nur die Scham, auch einer dieser Männer zu sein. Männer, egal wo auf der Welt, egal aus welcher sozialen Schicht, missbrauchen Babys und kleine Kinder, millionenfach, täglich, immer und immer wieder. Sie müssen dazu nicht lange auf die Suche gehen, es sind meistens ihre eigenen. Männer tun das, weil sie glauben, es passiert ihnen nichts, die Kinder sind erstens klein und hilflos, und zweitens gehören sie ihnen doch. Man hätte so gerne, dass diese Männer Einzelfälle sind, wenn schon, viele Einzelfälle. Aber sie sind ein Massenphänomen. Sie gehören zu dieser Gattung, zu unserer Gattung.

Der Mann und seine Sexualität, ein trostloser Exkurs: Die Brustnippel, die von Dominas unter Strom gesetzt werden. Die Alkoholfahnen, die Samstagabend den Ehefrauen die Luft nehmen. Die Chefs mit ihren Sekretärinnen in den Hotelbars, nachts. Die Flugzeuge nach Bangkok, voll bis auf den letzten Platz. Diese tollen Hechte, die immer nur Verräter sind, an den Ehefrauen, an den Geliebten. Leidenschaft als Farce. Zum Schweigen erstarrt.

Es fällt fast schwer, in das Zimmer zurückzublenden, zu unserer zärtlichen Szene mit dem Paar, zu dem Spiel zwischen Mann und Frau, zu dem Reiz eines besonderen Momentes, der alles verändern kann im Leben der beiden, die da liegen.

Der Frankfurter Sexualwissenschaftler Volkmar Sigusch hat diese Tatsache einmal hübsch formuliert. Sinngemäß: Sexualität ist das größte Abenteuer, auf das sich zwei Menschen einlassen können. Wenn ein Mann und eine Frau zum ersten Mal miteinander schlafen, gehen sie durch eine Tür, von der sie keine Ahnung haben, was dahinter ist.

Mann und Frau. In den letzten Jahrzehnten hat sich ja eine andere Botschaft nach vorne geschoben: Lass uns doch nicht von Männern und Frauen sprechen, sondern von Menschen, wir sind doch alle irgendwie beides. Lass die Frauen männlich sein – und den Mann die Frau in sich entdecken. Feministinnen haben für diesen Ansatz gekämpft, weil er tatsächlich weiterbringt, zum Beispiel bei Gesetzgebungen, in der Politik, in der Wirtschaft. Für Männer war er ein Fluchtweg aus dem vergifteten Gebiet ihrer Gattung, siehe oben.

Die Auflösung der Rollenbilder ist gesellschaftspolitisch an manchen Stellen durchaus sinnvoll. Hier, im Bett, ist dieser Gedanke völliger Unsinn. Mehr noch: Er ist eine Falle.

Das fängt schon damit an, dass hier zwei verschiedene Körper liegen, die sich ganz anders anfassen lassen und anfühlen. Bi-Sexuelle können das gut beschreiben, sie drücken es drastisch aus, sprechen vom männlichen Fleisch, schwerer, fordernder, aggressiver – und vom weiblichen Fleisch: weich, fließend, aufsaugend. Und sie erzählen von den zwei Welten, dem großartigen Erlebnis, von der einen in die andere zu wechseln.

Wir wollen diese Schlüsselszene im Bett benutzen, um etwas herauszuarbeiten, was an anderer Stelle schon angeklungen ist und über das Sexuelle hinausgeht. Wir wollen den Nebel wegblasen, der sich längst über den Mann im Bett gelegt hat, seine Konturen bis zur Unkenntlichkeit verwischt hat. Am Ende wird deutlich werden: Für den Mann geht es darum, Grenzen zu markieren, ein

Risiko einzugehen – und das einzulösen, was die Tatsache verspricht, dass er ein Mann ist.

Bei dem großen Abenteuer Sex, bei dem so vieles unberechenbar, unsicher und flüchtig ist, in diesem Reich der Gefühle, wo Erfüllung und Verletzung so nahe beieinander liegen, wird vor allem *ein* Kompass angepriesen: die Sensibilität für den anderen, also für die Frau, die Kunst, auf den anderen einzugehen, also auf die Frau. Die Lust der Frau zu entdecken und zu erfüllen.

Das ist ein Irrtum. Man kann es an der Frage nach dem Sex erkennen: Wie war ich? Längst ist diese Frage eine Karikatur – aber nicht, weil sie dem Mann wie üblich als Gipfel seiner Egozentrik zugeschrieben wird. Sondern weil sie das Dokument einer lediglich auf Wirkung bedachten Unsicherheit ist: Ein Mann will sich seinen Applaus abholen.

Anleitung zum Männlichsein, Nummer fünf: Es gibt nur ein Gesetz: die eigene Lust.

Das Bemerkenswerte an dieser Anleitung ist gar nicht die Aussage selbst. Manche werden sagen, das ist doch sowieso klar, das ist eine Selbstverständlichkeit. Interessant ist hier die Gegenfrage: Wenn das so klar ist, warum halten sich Männer nicht an dieses Gesetz? Warum entdecken sie ihre eigene Lust nicht? Und warum setzen sie sie nicht ein?

Es liegt wohl daran, dass es tatsächlich nicht so einfach ist. Dass es sehr schnell peinlich sein kann, abstoßend, lächerlich. Es ist schon nachzuvollziehen, warum viele Männer fürchten, eine Menge zu verlieren, wenn sie in solchen Momenten die Kontrolle abgeben. Wir Männer zimmern sonst im Leben so sehr an Bildern von uns selbst, wie wir wahrgenommen werden wollen, wir lernen Kleiderordnungen, Sitzordnungen, wir sind Fachleute dafür, den Boden unter den Füßen nicht zu verlieren. Das Risiko, plötzlich ein anderer zu sein, ist hoch.

Die Lust der Männer wird aus einem einzigen Grund abgekapselt, klein gehalten – und oft verloren: aus Angst. Statt etwas zu wagen, lässt man sich lieber reduzieren auf das Klischee des tumben Kerls, der nach drei Minuten mit allem fertig ist.

Das haben wir aus dem großen Abenteuer gemacht. Und nichts taugt weniger als Ausrede an dieser Stelle als die Frauen. Dieses Scheitern ist allein unsere Sache. Und: Das Sich-Verweigern aus Angst geht weit über das Sexuelle hinaus.

Es war ein Dienstagmorgen in München, Stadtteil Lehel, nahe der Maximilianstraße. Ein blauer Sommertag, leuchtend, so wie er in Deutschland nur in München möglich ist. Robert weiß es noch genau, weil er vorher zu seiner Entspannung an der Isar Laufen war. Er weiß es noch genau, weil er bei diesem Laufen plötzlich nach der quälenden, Monate dauernden Trennung von seiner Frau das Gefühl hatte, dass das Ganze ja doch auch was Gutes hatte, ein Neuanfang war, der Freiheit bedeutete.

Ein bisschen später, als er noch ein letztes Mal in die einst gemeinsame Wohnung kam, um ein paar Sachen abzuholen, fand er zufällig einen Brief. Er lag zwischen zwei alten Fotoalben auf dem Schreibtisch, und er war noch nicht fertig geschrieben. Seine Frau war nicht da, und er dachte kurz darüber nach, ob es indiskret war, den Brief zu lesen – und las ihn. Sie erzählte darin einer Freundin, wie es ihr in den letzten Wochen ergangen war.

Zu seinem Erstaunen kam er in dem Brief nur am Rande vor, genau genommen mit nur ein paar Zeilen. »Der Robert«, stand da, »wird mir im Laufe unserer Trennung immer fremder. Inzwischen kommt er mir vor wie ein Mann ohne Eigenschaften. Und ich denke, eigentlich war er immer so.«

Robert, der Mann ohne Eigenschaften. Das war also das Ergebnis einer elfjährigen Beziehung. Er war tief verletzt. Und er war wütend. Wie konnte sie nur so einen unverschämten Schwachsinn schreiben? Aber da war noch ein anderes Gefühl, das sich dort in der Wohnung zuerst ganz leise meldete, eine Beunruhigung, die erst in der folgenden Zeit immer stärker wurde: Hat sie vielleicht recht?

Manchmal ist es gut, Dinge vom Ende her zu denken. Was habe ich versäumt? Habe ich alles eingesetzt, was ich hätte einsetzen können? Wer war ich eigentlich? Der Satz stimmt, dass es immer besser ist, Dinge zu bereuen, die man getan hat, als Dinge zu bereuen, die man nicht getan hat.

Anleitung zum Männlichsein, Nummer sechs: Der Mann muss eine Abenteuerreise antreten, ein bisschen so wie in den Filmen: Ein Cowboy reitet allein ins Ungewisse. Aber es ist eine Reise nach innen. Der Kampf gegen den Mann ohne Eigenschaften muss da drinnen geführt werden.

Es ist das gleiche Muster wie bei der Furcht vor der Lust. In unseren Beziehungen mit Frauen tun wir vieles deshalb nicht, weil wir uns nicht trauen.

Warum sagen wir ihr nicht an einem ganz normalen Sonntagnachmittag, an dem sie uns langweilt: »Du langweilst mich«? Warum stimmen wir zu, ihren Traum vom Haus auf dem Land zu verwirklichen, wenn uns vor der großen Ruhe zwischen Zuckerrüben graut? Warum muten wir ihr nicht mehr Unzuverlässigkeit zu? Unberechenbarkeit? Unmoralisches Verhalten?

Aus Taktgefühl? Weil man sie nicht verletzen will? Aus Mitleid? Weil man sich anmaßt zu glauben, ihr Leid lindern zu können? Aus Großzügigkeit? Man will ja Träume verwirklichen, nicht verhindern. Oder tun wir das, weil wir doch alle tief im Herzen Gentlemen sind?

Müsste einen eigentlich schon stutzig machen, diese Anhäufung von Edelmut auf der Motivationsseite.

Also, lasst uns genauer sein.

Wir weichen der Auseinandersetzung am Sonntagnachmittag deshalb aus, weil wir die Folgen fürchten. Zum einen: Wie wird ihre Reaktion sein? Was wird das für ein Streit? Aber noch viel mehr fürchten wir, dass wir eine Frage in uns selbst beantworten müssten: Wenn wir uns langweilen, warum ändern wir das nicht? Wir könnten in die Oper gehen, sie verführen – oder sie verlassen.

Ihr Traum vom Landhaus: Wenn wir dazu nein sagen würden, wüssten wir wieder nicht, wie sie reagiert. Aber noch schlimmer: Wir müssten selbst einen Traum entwerfen, eine Vorstellung vom Leben, von der Zukunft mit ihr.

Und was das Unberechenbare angeht: Ist da überhaupt noch was? Sagen wir es so: An der Idee, dass in uns etwas Wildes eingesperrt ist, halten wir schon gerne fest: Ich raste ja wirklich selten aus, aber wenn, oh das würde ich euch lieber ersparen ... Wir wetten darauf: Wer so etwas sagt, in dessen Leben würde nicht mal eine Heerschar von Detektiven den Moment finden, an dem aus diesem Mann ein Tier wurde.

Männer haben sich angewöhnt, lieber in Passivität zu verharren, oder anders ausgedrückt, sie sind bequem, träge. Lieber stellen sie sich vor, was sie tun könnten und was das für Konsequenzen hätte – um es dann nicht zu tun, wie sie meinen aus gutem Grund. Auch hier gilt: Die

Hochrechnung macht bewegungslos. Nebenbei bemerkt: Trägheit gehört zu den sieben Todsünden.

Aber es ist nicht nur Bequemlichkeit, die hier zu diagnostizieren ist. Man muss leider ein unangenehmes Wort aussprechen: Feigheit. Wir zitieren aus dem dtv-Lexikon, Band 6: »Feigheit, ein seelischer Zustand, in dem sich jemand aus Furcht vor Gefahr, Schmerz oder Tod ehrlos zeigt.« Besser kann man das nicht ausdrücken. Dieser lexikalische Eintrag besteht aus drei genialen Teilen:

1. Feigheit als seelischen Zustand zu beschreiben.
2. Wer aus Feigheit etwas nicht tut, zeigt sich ehrlos.
3. Der Versuch, Feigheit nachzuvollziehen, die Furcht vor Gefahr, Schmerz oder Tod zu benennen.

Wir, die Autoren, haben festgelegt, dass wir gelegentlich Frauen zu Wort kommen lassen, und zwar dann, wenn wir glauben, dass sie uns weiterbringen. Zum Beispiel jetzt.

Die Frauenstimme, eine SMS
Was ist männlich?

Männlich ist, die Schuld immer beim anderen zu suchen, die widrigen Umstände ins Feld zu führen, heute keinen Arsch mehr in der Hose zu haben, lieber feige zu schweigen und der Frau erst auf ihr eigenes Verlangen hin den Gnadenschuss zu verabreichen – sie hat es ja nicht anders gewollt. Männlich ist manchmal so widerlich.

Wenn man heute Frauen fragt: Was ist männlich? Dann kommt fast immer, jedenfalls viel zu oft, die Variation dieser SMS: Männer sind bequem, Männer sind feige. Das ist das Lied über den Mann.

Damit es klar ist: Frauen haben immer an Männern etwas auszusetzen gehabt, und auch früher gab es einen einheitlichen Klang. Mit euch kann man nicht reden, ihr seid rücksichtslos, ihr habt keine Gefühle …

Und damit auch das klar ist: Es geht nicht darum, früher war alles besser. Es geht darum, dass uns der heutige Vorwurf beschämt. Beschämen sollte.

Im alten Rom, 65 nach Christus, wurde ein Mann wegen seiner Klugheit zum Selbstmord gezwungen. Sein Name war Lucius Annaeus Seneca, geboren im spanischen Córdoba. Er schrieb folgenden Satz: »Nicht weil es schwer ist, wagen wir es nicht. Sondern weil wir es nicht wagen, ist es schwer.«

Der seelische Zustand des Mannes Anfang des 21. Jahrhunderts. Wir rufen also Seneca an, den berühmten Philosophen und Dichter. Und wir rufen einen kleinen, stämmigen Ungarn an, mit Schnauzbart und Glatze.

Erinnerung an ein journalistisches Projekt. Einer der Autoren mit sieben Männern in einer Wohnung in Hamburg. Mitternacht. Auf dem Tisch Bierflaschen, Weingläser, volle Aschenbecher – und ein Tonbandgerät, das jedes Wort aufnimmt. Seit Stunden reden sie schon, ihr Thema: die Sexualität der Männer, Fantasien, Probleme, Sehnsüchte.

Die Idee war, auf diesem Weg an spannende Originaltöne und Geschichten heranzukommen und endlich ein bisschen Ehrlichkeit einzufangen. Ganz unterschiedliche Männer waren eingeladen, jünger, älter, ein Baggerfahrer, ein Koch, ein Manager … Und eben dieser Ungar, ein Schauspieler.

Bis jetzt nur wertloses Material auf dem Band. Politisch korrekte Sätze über schöne Frauen, die Attraktivität ihrer Intelligenz, langweilige Floskeln über Zärtlichkeit,

Gefasel über Mehrdimensionalität eines erotischen Erlebnisses, über den Einklang mit sich und seinem Körper, auch der Baggerfahrer redet so. Auf die Frage, was wirklich antörnt, sagte einer: »Also wenn ich zum Beispiel aus der S-Bahn steige und am Bahnsteig eine Frau sehe, die mir gefällt, und dann ist das plötzlich, als stünden wir beide in einem besonderen Licht, und im Vorbeigehen berühren sich unsere Blicke, so was ist magic.«

Besonderes Licht? Da platzte dem kleinen dicken Ungarn in der vierten Stunde des Gesprächs der Kragen: »Jetzt will ich mal sagen, was mich anmacht«, er zündete sich eine Zigarette an und fuhr in seinem leichten Akzent fort. »Wenn Du im Urlaub bist, dein letzter Abend, und du erwischst eine Frau.«

»Wie Du das schon formulierst – erwischst ...«, unterbrach ihn einer aus der Runde.

»Ich sage das so, weil ich es so meine. Du tanzt, du trinkst, du gehst mit ihr ins Hotel, du nimmst sie mit ins Bett. Und du weißt, in ein paar Stunden geht dein Flieger.« Er hielt inne und blickte in die Runde. »Was gibt es Schöneres?«

Die Stimmung wurde frostig. Die anderen fanden diese Anekdote ätzend, sie passte nicht zu dem Bild, das sie schon den ganzen Abend entwarfen: Wir Männer sind zärtlich und feinfühlig, wir sind keine Schmutzfinken.

Wichtig an dieser Stelle ist nicht, ob man den Ausführungen des Ungarn zustimmt oder nicht. Wichtig ist etwas anderes: Er sagt die Wahrheit, seine Wahrheit, er akzeptiert, dass die eigene Lust nichts mit Konsens zu tun hat, sondern eher mit Netzstrümpfen. Und er hat sich getraut, sie in den Nebel der Falschheit zu pusten. Wir rufen diesen kleinen Ungarn an, um an unsere Anleitung zum Männlichsein Nummer Fünf zu erinnern: Entscheidend ist die eigene Lust.

Keiner hat gesagt, dass dies einfach ist. Es ist aufregend, schön, aber eben auch mühsam und zuweilen ein bisschen gefährlich.

Eines ist aber sicher: Nur so wird eine Grenze gezogen zwischen Mann und Frau, ein Zaun errichtet. Alle Fachleute sind sich einig, nur so bleibt Sex spannend, wenn ganz klar ist: Wer bin ich? Wer bist du? Nur so kann man seinem Leben etwas hinzufügen. Nebenbei bemerkt: auch dem Leben der Frau.

Einer der beiden Autoren ist ein Anhänger der These: Jeder Mann hat die Sehnsucht, von seinem anstrengenden Dasein als Mann erlöst zu werden – durch eine Frau. Über diese These mag man lächeln. Fest steht, wenn kein Mann da ist, gibt's auch keine Erlösung.

8. Kapitel

ZWISCHENBILANZ

Ein irritierender General & Wir versprechen, lächerlich zu werden

Der Prototyp Mann, seine Durchschnittsmaße: 1,80 Meter groß, 127 Kilo schwer. Oder haben wir da jetzt was durcheinander gebracht? Egal, die Autoren sind jedenfalls leichter, ein bisschen.

Sie denken über ihn nach, und sie sitzen wieder in ihrem Berliner Café. Die Stimmung ist ganz gut, trotz der großen Aufgaben, die auf sie warten. Nur eines missfällt: Der Lieblingskellner ist nicht da. Mag man nicht. Wo ist der?

Das Prinzip Mann wird durchleuchtet. Wie weit sind sie bislang gekommen in diesem Prozess? Wen sie nicht alles haben auftreten lassen. Eine Ansammlung von deformierten Gestalten, alle in einem Zimmer, Stellvertreter für die trostlose Masse Mann. Ein kleiner Junge beim FC Bayern war dabei, dessen Angst von Franz Beckenbauer umgepolt wurde. Sie ließen ein paar Mutige auftreten, einer hat gekündigt, obwohl er keine Ahnung hatte, wie es weitergeht. Einer las heimlich einen Brief und änderte daraufhin sein Leben. Ein Künstler stellte der Frau, die er liebte, ein sehr spezielles Ultimatum. Und Peppone trank Wodka, um seinen Freund zu retten.

Verzeichnet die Recherche schon Erfolge? Gibt es schon Erkenntnisse zu vermelden? Ja, gibt es. Der Mann ohne

Eigenschaften – das ist die größte Gefahr. Das Gegenprogramm muss stattfinden: Ein Mann harrt nicht in einer Situation aus, die er als unerträglich empfindet, er wartet nicht auf Applaus, egal von wem, sondern macht weiter. Ein Mann setzt etwas ein, sucht das Risiko, nicht als Show, sondern auch wenn niemand zuschaut.

Aber es gibt auch eine Verstörung zu vermelden. Und diese Verstörung hat einen Namen: General Bonkendonken. Die Autoren haben unlängst eher zufällig von der Existenz dieses Mannes erfahren.

General Bonkendonkens Spezialität war es, in einen großen Raum zu kommen, zum Beispiel in ein Restaurant, und nach und nach die Aufmerksamkeit aller Anwesenden auf sich zu ziehen. Er war immer elegant und gut gekleidet – mit einem Schuss zur Extravaganz. Er redete zu laut, fing zu singen an, wenn es gar keiner hören wollte, er tanzte auch gelegentlich, immer an der Grenze zur Peinlichkeit und oft drüber hinaus. Jedenfalls schaffte er es regelmäßig, dass ein ganzer Saal am Ende über ihn lachte.

Einmal wurde er morgens, nach einer langen, alkoholisierten Nacht in der Hotelhalle gefunden, schlafend auf einem zu kleinen Sofa. Bonkendonken war ein großer Mann, von seiner extravaganten Kleidung war nicht mehr alles am richtigen Platz. Überliefert ist sein erster Satz, nachdem er im Lärm des beginnenden Hotelbetriebs hochschreckte: »Die Nächte sind in Ordnung, aber die Tage bringen mich um.«

Es gibt noch unzählige solcher Geschichten über den General. Ein lustiger Mann. Mehr noch: Ein Mann, der sich der Lächerlichkeit preisgab, immer, und mit dem größten Vergnügen. Er war eine Lachnummer, aber nicht nur. Er führte ein spannendes Leben in vielen Ländern, ihm schien vieles zuzufliegen, in verschiedenen Berufen. Und er war ein großer Frauenheld, da sind sich alle einig, die ihn kannten und erlebt haben.

Die Verstörung der Autoren rührt daher, dass dieser General möglicherweise nicht ganz zu den bisherigen Recherche-Ergebnissen passt. Was bitte ist Herr Bonkendonken für ein Mann?

Müssen die Autoren korrigieren oder ergänzen? Sie entscheiden sich fürs Ergänzen. Es muss ein Kapitel her über den Mut des Mannes zur Lächerlichkeit.

Aber noch nicht jetzt. Jetzt wartet erstmal ein anderer Berg: Vater und Sohn. Und umgekehrt.

9. Kapitel

VATER UND SOHN. UND UMGEKEHRT

Lebenslauf eines Gefühls & Die Mutprobe im Schwimmbad & Anleitungen zum Männlichsein 7, 8, 9 und 10 & Mit Papa im Bordell

Immer derselbe Mann: Der Lebenslauf eines Gefühls.

Der Vierjährige: Ein Spaziergang über Stock und Stein, Wiesen, ein Bach, Wälder. Der Vater hat ihn an der Hand, sie reden, welches Tier sie sein möchten. Das Gewitter überrascht sie auf halbem Weg, es ist kein Unterschlupf in der Nähe. Und genau das ist der Moment, daran erinnert er sich bis heute: Wie der Vater ihn unter seinen Mantel nimmt, dieses wahnsinnige Gefühl von Sicherheit, Geborgenheit. Er weiß noch heute, wie es dort gerochen hat, der nasse Lodenstoff, das Aftershave des Vaters. Später, viel später, längst ein Erwachsener, in der Nacht vor einer schweren Operation, holte er sich diese Szene in Gedanken her, auf der Suche nach Beruhigung. Ein bisschen hat es funktioniert.

Gratulation, da ist dem Papa was gelungen. Wie leicht hätte der Kleine diese Situation als beklemmend empfinden können – und sie Jahrzehnte später in der Psychotherapie durcharbeiten müssen.

Welcher Vater möchte nicht seinem Sohn so ein gutes Gefühl weitergeben, das ein ganzes Leben hält. Glücksache?

Der Zwölfjährige: Mit dem Vater im Arbeitszimmer, ein steinernes Gesicht hinter Tabakrauch, ernste, harte

Sätze. Weggelaufen war er, nach der Schule einfach abgehauen, zusammen mit einem Freund, keine Lust mehr auf den ganzen Scheiß, ein Tag und eine lange Nacht am See, eigentlich mehr ein Joke, das Ganze. Aber zu Hause die Polizei, die Angst der Mutter. Und jetzt der Vater: Wenn Du hier nicht leben willst, wirst Du woanders leben. Die Prospekte von Internaten auf dem Schreibtisch. Er sagte kühl und bestimmt, nicht böse: »Wir werden die Entscheidung gemeinsam treffen, wohin du gehen wirst.« Das Gefühl war ein Schock, der ganze Körper kalt: zum ersten Mal kein Kind mehr, zum ersten Mal das Gefühl, Konsequenzen tragen zu müssen für das, was man getan hat.

Der 19-Jährige: Diesmal hatte er dem Vater was mitzuteilen, diesmal hörte der Vater zu. Es war bei einer Autofahrt, von München nach Starnberg, eine knappe halbe Stunde. Er weiß noch genau, dass er schnell auf den Punkt kommen wollte und dass seine Stimme, zumindest glaubt er das bis heute, zitterte: Ich mache es nicht, ich mache die Lehre nicht, ich gehe nicht in deine Firma, werde nicht dein Nachfolger, sorry, aber ich habe andere Vorstellungen von meinem Leben, andere Pläne. Der Vater sagte: Wenn du das so siehst, respektiere ich das. Ja, sagte der Sohn. Dann schwiegen sie. Das Gefühl war, dem Vater weh zu tun. Auch zu sagen: Ich will nicht das Leben führen, das du geführt hast. Trotzdem: Nicht nur unangenehm, das Gefühl sich abzugrenzen.

Der 28-Jährige: Die Tischtennisplatte auf der Terrasse, wie früher. Der Vater führt 19:17. »Hast du Schwierigkeiten mit solchen Bällen?«, sagt er. Er hat eine dunkelblaue Trainingsjacke an, sieht gut aus. Fünf Spiele machen sie, wollen gar nicht aufhören, und zwar nicht deshalb, weil es so nett ist, sondern weil es so knapp zugeht. Man weiß lange nicht, wer gewinnt. Darum ging es immer bei den beiden, wenn sie spielten: Wer gewinnt?

Der 41-Jährige: Er darf das Zimmer nicht betreten, wenn der alte Mann und der kleine Junge nebeneinander vorm Kaminfeuer sitzen. Niemand darf reinkommen. »Wir müssen übers Leben reden, wichtige Dinge besprechen«, sagt der Opa, und der Enkel schaut an ihm hoch und nickt. Sie machen immer ein ziemliches Geheimnis aus ihren Sitzungen. Einmal dringt ein Thema durch: Opa erzählt vom Staat der Kühe, von ihrem gefürchteten Geheimdienst, von ihren Regenmänteln und Hubschraubern. Nur durch die Glastür sind die beiden immer zu besichtigen: sein Sohn und sein Vater. Ein friedliches Bild. Die anderen Bilder liegen oben im Arbeitszimmer, Röntgenbilder. In den kommenden Wochen und Monaten wird er seinen Vater bei der Chemotherapie abliefern, zu Spezialisten fahren, helfen, den dünn gewordenen Körper in eine Kernspinnröhre zu schieben, auf der Intensivstation Nachtwache halten.

Der 42-Jährige: Begegnung mit einem alten Arbeitskollegen im Gang vorm Büro. »Ich hab von Ihrem Vater gehört«, sagt er. »Mein Beileid. Wie geht es Ihnen? Das ist der wichtigste Einschnitt im Leben eines Mannes, der Tod des Vaters.«

Vater und Sohn. Und umgekehrt. Was bedeutet es für die Beziehung der beiden, dass sie Männer sind? Viel bedeutet es, weil die beiden ein ganz eigenes Terrain haben oder hätten. Und dabei spielt es übrigens keine Rolle, ob sich Vater und Sohn in der so genannten klassischen Familienkonstellation befinden oder in einer der verschiedensten Formen der Patchwork-Familien.

Momente der Erziehung. Ein Junge spielt in seinem Zimmer mit einem kleinen Plastikball Fußball. Er hat eine Wand des Zimmers frei geräumt, benutzt sie als Tor. Allein spielt er, er ist Linksaußen, Torwart, Trainer und Reporter zugleich. Jeden Tag spielt er, stundenlang, die Tür ist zu, er will dabei nicht gestört werden. Draußen die Mutter lachend, kopfschüttelnd, was macht der Junge da? Der Vater weiß es, und zwar ganz genau, er weiß, dass das gar kein Zimmer mehr ist, sondern der Hexenkessel eines vollen Stadions, wo sein Junge gerade aus unmöglicher Position das entscheidende Tor schießt, alles ist aufgehoben, die Zeit, der Raum, ein Gänsehautgefühl, und der Vater braucht den merkwürdigen Geräuschen aus dem Kinderzimmer nur zu lauschen – und hat es auch. Der Vater weiß auch ganz genau, warum sein Sohn abends vorm Einschlafen im Dunkeln immer diese Batman-Figur in seiner Hand durch die Luft sausen lässt. Es geht um Träume, darum, ein Held sein zu wollen, einer, vor dem andere Angst haben, und es für diese Augenblicke auch sein zu können. Weil der Vater für dieses Gefühl der Fachmann ist, ist er auch der bessere Gesprächspartner für die Abstürze, zum Beispiel, wenn man im Schulhof nicht in die Mannschaft gewählt wird, weil andere besser sind, wenn der Kontrast zu Ronaldinho, der man in seinem Zimmer immer ist, sehr weh tut. Abstürze, jetzt und später, Fehlschläge, Niederlagen ... Männergespräche. Wie verkommen ist dieser Begriff. Hier ist er angebracht. Und das wollen wir ruhig betonen.

Unsere Anleitung zum Männlichsein, Nummer sieben: Es gibt ein Terrain, das für Vater und Sohn reserviert ist. Es ist abgesteckt durch das Bewusstsein, gleiche Gefühle, Sehnsüchte, auch Gefährdungen zu haben. Dieses Terrain entsteht nicht von selbst, verschwindet auch schnell, wenn man nicht aufpasst und sich nicht darum kümmert. Und die Reservierung muss beachtet werden: Hier darf nicht jeder rein.

Eine Szene bei einer Aufführung an einem Gymnasium. Die Schülerinnen und Schüler der fünften Klassen spielen eine moderne Version von Huckleberry Finn. Ein Sohn spielt ziemlich gut den Tom Sawyer auf der Bühne, und sein Vater sagt in der Pause: »Ich denke oft darüber nach, was ich als Mann an meinen Sohn weitergeben kann, ich will das nämlich, ich hab mir das richtig vorgenommen.« So, wie er das gesagt hat, klang es ein bisschen, als würde er sich aufmachen, eine alte ägyptische Stadt auszugraben. Und ein bisschen ist es auch so. In Sachen Männlichkeit müssen wir anfangen zu graben.

Wo gräbt man da? Und in welche Richtung? Was ist es denn, was ein Vater an seinen Sohn weitergeben kann?

Das sind natürlich nicht nur Trappergeschichten. Aber eben auch Trappergeschichten. Zum Beispiel der 40-jährige Chef einer großen Werbe-Agentur in Hamburg. Er hat einen Fischkutter gekauft und gelernt, ihn zu steuern. Ein Wochenende im Monat hält er sich für dieses Schiff frei, und zwar mit einer besonderen Besatzung: Er fährt mit seinem Sohn und seinem Vater aufs Meer hinaus, Fischfang ist angesagt. Am Sonntagabend kommen sie nach Hause. Auch festes Ritual: Die Frauen braten, welches Tier auch immer gefangen wurde, und dürfen oder müssen mitessen.

Trappergeschichten. Zusammen in die Berge gehen, einen Dachboden ausbauen, nachts Lagerfeuer machen und im Freien schlafen, Pferdeflüsterer, ja, und keine Angst vor Kitsch: die Sprache der Bäume verstehen. An diesem Stoff halten sich Erinnerungen besonders gerne fest.

Wir haben einen Freund, mit dem man sich etwa einen Besuch in Prag vorher gut überlegen sollte. Kaum sieht er nämlich die schöne, historische alte Wassermühle an der Moldau, kann ihn nichts auf der Welt mehr davon abhalten, langatmig von seiner Kindheit zu berichten, als sein Vater ihm beibrachte, wie man kleine Wasserräder baut und am Fluss aufstellt. Der Freund schwört, dass er das bis heute kann. Die Autoren schwören, dass sie allein durch das lange Zuhören inzwischen auch in der Lage wären. Ein anderer Freund braucht nur – in welchem Zusammenhang auch immer – das Wort Schottland zu hören und fängt an zu erzählen ... Wir erlauben uns, es abzukürzen: Er stand schließlich mit seinem Vater nach einem vierstündigen Aufstieg auf der Spitze eines schottischen Berges, die beiden breiteten die Arme aus und schrien gegen den Himmel »Es kann nur einen geben!« – wie Christopher Lambert in dem berühmten Film »Highlander«.

Was gibt ein Vater an seinen Sohn weiter? Beim Vater der beiden Autoren waren zwei Dinge dabei: die Definition, was Mut ist – und der Ratschlag, wie man mit der Polizei umgeht, wenn man verhaftet wird.

Unser Vater war zehn Jahre alt, die Nazis hatten schon Zeit gehabt, ihr Männerbild in die deutschen Hirne zu trommeln. Die Veranstaltung hieß »Mutprobe«: Ein großes, städtisches Schwimmbad, Schüler, Lehrer und Eltern aus der ganzen Stadt, Mädchen am Beckenrand – und Rettungsschwimmer. Denn die Mutprobe galt den Buben, die nicht schwimmen konnten. Einer nach dem anderen wird über Lautsprecher aufgerufen, klettert auf den Dreimeterturm, geht zittrig vor ans Ende des Sprungbretts – und springt unter dem Gejohle und Gekreische der Masse in die Tiefe. Auch unser Vater. Von dem einzigen Jungen, der nicht gesprungen ist, erinnerte er sich vor allem an eine blaue Badehose und den etwas angewiderten Blick, als er vorne am Sprungbrett stand und sagte: »Nein. Ich springe nicht.« Die Leute lachten ihn aus und schrien »Feigling!« Auch unser Vater. Genau dafür schämte er sich später, und genau das wollte er uns mitteilen: Der, der nicht gesprungen ist, war mutig. Und er, der gesprungen ist und massenkonform mitgehänselt hat, war feige.

Die Sache mit der Polizei war ihm ähnlich wichtig. Sie hatte damit zu tun, dass er einige Jahre Polizeireporter bei der Süddeutschen Zeitung war. Er war bei vielen Verhaftungen dabei, saß in unzähligen Verhören mit am Tisch. Damals ging das noch, damals durften Journalisten das noch. Er zog daraus für sich vor allem eine Lehre: Geständnisse jeder Art bringen gar nichts. Merkt Euch das fürs Leben, das war sein voller Ernst: Wenn ihr verhaftet werdet, dürft ihr niemals, auf keinen Fall etwas zugeben. Nicht hinhören, wenn von mildernden Umständen die Rede ist, von angeblich längst Bewiesenem. Immer alles abstreiten, alles. Ein Geständnis ist immer ein Fehler.

Dass die Tatsache, dass man überhaupt verhaftet wird, vielleicht nicht so toll ist, war nicht sein Thema.

Anleitung zum Männlichsein, Nummer acht: Was ein Vater an seinen Sohn als Mann weitergibt, lässt sich nicht auf eine Formel bringen. Das muss jeder für sich selbst entscheiden. Es ist sicher wichtig, was es im Einzelnen ist, aber das Wichtigste ist, dass es überhaupt geschieht. Dass dieser Dialog stattfindet. Jeder sollte sich fragen, warum er ihm aus dem Weg geht. Weil der Dialog unzeitgemäß ist, aus der Mode gekommen? Oder ist es in Wahrheit nicht so, dass man ihm aus dem Weg geht, weil es bequemer ist?

Eine junge Mexikanerin, beschäftigt bei der UN in Rom, hat einem der beiden Autoren eine Begebenheit aus ihrer Familie erzählt: An dem Tag, als ihr Bruder 18 wurde, ging der Vater mit ihm ins Bordell. Wie um ihm zu sagen, jetzt bist du ein Mann, und ein Mann muss wissen, was in einem Bordell läuft. Das wurde in der Familie regelrecht verkündet. Der Vater war ein Wissenschaftler, vom Typ eher ein Schöngeist, klein, schmächtig, schildert die Tochter.

Und was hat sie dabei gedacht? Da lacht sie. Sie fand das völlig in Ordnung. »Ich war neidisch auf die Jungs, als sie loszogen. Die beiden hatten da was gemeinsam, und ich war ausgeschlossen.«

Man mag diesen Ausführungen der Mexikanerin mit Sympathie oder Skepsis folgen, jedenfalls war sich hier einer ganz sicher, was er seinem Sohn vermitteln will. Und es müsste eigentlich eine Binsenweisheit sein: Wenn es um Sexualität geht – wer soll davon reden, wenn nicht der Vater? Oder ist reden hier das falsche Wort? Nochmal kurz zurück zu dem mexikanischen Wissenschaftler: Er hat seinem Sohn eine Erfahrung geschenkt und bezahlt. Eine eigene Erfahrung. Und er kam mit, um ihm zu zeigen: Ich finde das in Ordnung, das gehört dazu.

Es gibt Menschen, die haben eine Begabung für das erste Mal. Es funkelt in ihrer Erinnerung, egal, um was es geht, das erste Glas Champagner, das erste Mal Drachen steigen lassen, der erste Schnee, das erste Mal San Francisco. Das erste Zeugnis, die erste Fahrradtour, selbst wenn die Noten nicht gefunkelt haben und man bei der Fahrradtour schwer auf den Schotter geknallt ist – auch sie ist okay, diese Erinnerung.

Momente der Erziehung. Einem Menschen etwas zum ersten Mal zeigen – das muss bei Gott nicht immer der

Vater tun. Aber das könnte eine seiner Domänen sein, hier könnte das Terrain Vater und Sohn ein gutes Fundament bekommen. Schwimmen lernen, den ersten Anzug kaufen, wie binde ich eine Krawatte, wie isst man eine Auster, zum ersten Mal ins Theater … Und je eher es geschieht, desto spannender ist es. Ein Freund der Autoren kennt sich im Pokerspiel deshalb so gut aus, weil sein Vater ihm die Bedeutung der Karten schon vor seinem ersten Schultag zum ersten Mal erklärt hat. Der englische Schriftsteller Nick Hornby ist ein Scheidungskind, die Wochenenden mit seinem Vater empfand er als Horror: »Wir wussten beide nicht, was wir miteinander anstellen sollten.« Aber dann: Hornby war acht, der Vater nahm ihn zum ersten Mal mit ins Fußballstadion zu Arsenal London. Von diesem Augenblick an, sagt Hornby, war alles anders zwischen ihm und seinem Vater. »Wenn wir uns sahen, gingen wir ins Fußballstadion, und es war wunderbar. Und sonst sahen wir uns nicht.«

Nicht immer geht der Gang ins gemeinsame Terrain so konfliktfrei vonstatten … Wir anonymisieren an dieser Stelle unsere Quelle und berichten von einem legendären Familienstreit. Der Vater hatte Großes vor mit seinem dreijährigen Sohn. Ein Sonntagvormittag, er wollte ihm zum ersten Mal einen Elefanten zeigen. Allein die Vorstellung bereitete dem Vater großes Vergnügen, Menschenskind, wie wird das den Kleinen umhauen, wenn das riesige Tier mit dem Rüssel vor ihm steht. Es begann durchaus viel versprechend, die kleine Familie betrat den Zoo, und der Kleine war tatsächlich sofort begeistert und steuerte auf eine Ansammlung von Tauben zu, die um eine Parkbank herumflatterten. Süß der Bub, dachte der Vater und ließ ihn zwischen den Tauben am Boden sitzen und spielen. 10 Minuten, 20 Minuten, zwischendrin mal der Satz,

»komm jetzt, wie gehen doch noch zu den Elefanten«. Hier fiel zum ersten Mal das Schlüsselwort, das die nächsten Stunden beherrschen sollte, erst gesagt, dann geschrien, schließlich von dem Jungen am ganzen Körper zitternd herausgebrüllt: »Taubi!«

Vielleicht macht es auch hier Sinn, die Geschichte vom Ende her zu erzählen. Am Abend sah die Lage so aus: Der Vater schwor, nie wieder irgendetwas mit seinem Sohn zu unternehmen. Die Mutter wollte sich scheiden lassen, weil sie ihrem Mann die Brutalität nie zugetraut hätte, mit der er schließlich, weg von den Tauben, durch den halben Zoo den schreienden Kleinen (»Taubi!«) zu den Elefanten zerrte. Der Sohn machte am Ende dieses langen Tages noch den besten Eindruck. Er schlief irgendwann über dem Bilderbuch »Wie heißt dieser Vogel?« ein.

Wer hätte das auch voraussagen können, dass der Elefant bei dem Jungen keine Chance haben würde gegen die Taube? Eine hübsche Metapher. Sie steht für die Hoffnungslosigkeit zu glauben, man könne wissen, wie die Tat des Vaters letztlich beim Sohn ankommt.

Alles in unserer Gesellschaft ist auf Wirkung aufgebaut, möglichst schnell, alle reden von Feedback-Orientierung, man will Ergebnisse sehen. Und es sind die Männer, die die Regeln dieses Spiels predigen, Wirkungsanalysen, Effizienz als Messgröße und Entscheidungsgrundlage. Bei ihren Kindern müssen sie sich davon schleunigst verabschieden. Erziehung heißt dauernd senden, der Empfang wird nur selten bestätigt. Den Applaus, den man eigentlich haben will, bekommt man nie. Dass sich die Mühe lohnt, die man sich macht, dass die Ideen gut sind, die man hat, dass irgendeiner mal sagt: Du bist ein guter Vater. Man schießt Leuchtraketen ins Dunkel, eine nach der anderen, und weiß nicht: Wo wird sie gesehen, wie wird sie gesehen, wird sie überhaupt gesehen?

Anders formuliert: Ob etwas zum Trauma wird, ob etwas ein Joker war, man wird es vielleicht nie erfahren, vielleicht stellt es sich erst in zwanzig Jahren heraus. Wenn man den Arbeitsplatz eines Vaters beschreiben müsste: Diese Ungewissheit aushalten, das muss der Mann können.

Vater und Sohn. Jetzt umgekehrt. Jetzt aus der Sicht des Sohnes.

Der französische Schriftsteller und Philosoph Jean Paul Sartre wuchs unter Frauen auf, bei seiner Mutter und mehreren Tanten, der Vater war früh gestorben – so beschrieb er es in seiner autobiographischen Erzählung »Die Wörter«. Und er erklärte immer, unter dieser Tatsache habe er gar nicht gelitten, im Gegenteil, das könne er nur empfehlen, ohne Vater aufzuwachsen, das sei super für die eigene Mannwerdung.

Klang seiner Biographin Cohen-Solal etwas zu glatt, diese Version. Sie fuhr in das Dorf, wo Sartre aufgewachsen war, und fand noch einige sehr alte Leute, die die Familie gekannt hatten. Wie bitte? Der Vater früh gestorben? Von wegen. Der war immer da und ist ziemlich alt geworden.

Sartre hat also im Umgang mit seinem Vater eine besondere Methode gewählt: Er hat ihn gelöscht. Man kann wohl mit Fug und Recht, ohne in die Sartre-Forschung einzubrechen, behaupten: Er wollte sich keine Sekunde öffentlich mit diesem Thema befassen: Wie viel Vater steckt in mir?

Es gibt Söhne, die ein Leben lang ihre Väter für eigene Probleme verantwortlich machen. Weil sie nie abgeholt wurden, wenn sie vom Skilager zurückkamen, weil sie immer die falschen Geschenke bekommen haben, weil sie mit ihren Vätern nie wirklich reden konnten oder weil die sich lustig machten, wenn man etwas falsch machte.

Wir haben mal einen Freund erlebt, der hat wegen seines Vaters seine große Liebe verlassen, seine Universität und sein Land. Er wollte das nicht, er war total verzweifelt – und er war 27 Jahre alt. Er hat eine Nacht getrunken und uns heulend erklärt: »Ich kann das meinem Vater nicht sagen, ich kann nicht.« Er konnte ihm nicht sagen, dass er den Plan des Vaters ändern wollte, den der schon vor Jahren für seinen Sohn ausgearbeitet hatte. Die ersten Semester studierst Du dort, und dann weiter in Shanghai.

Wir kennen den Vater auch, ist ein ziemlich harter Brocken, wie man so sagt. Aber: Muss man von einem 27-Jährigen nicht verlangen, dass er über sein Leben selbst bestimmt? Dass er seinen eigenen Weg durchsetzt? Wie viel Vater darf von mir Besitz ergreifen?

Anleitung zum Männlichsein, Nummer neun, diesmal formuliert für den Sohn: Wir haben in diesem Buch schon mehrfach von Abgrenzung gesprochen, wie wichtig sie ist. Jetzt geht es um die Abgrenzung vom eigenen Vater. Entgegentreten, sich behaupten, sich Respekt verschaffen, das sind die Wörter, die Markierungssteine. Man muss dem Vater etwas wegnehmen, Macht zum Beispiel, ihm, dem mächtigsten von allen, und Verantwortung muss man ihm wegnehmen – und alles in den eigenen Rucksack packen. Der Münchner Psychologe und Therapeut Wolfgang Schmidbauer hat dafür sogar eine Formel aufgestellt, das 50-Prozent-Gesetz: In 50 Prozent meines Lebens, der Hälfte also, hat mein Vater nichts zu suchen. Wirkt vielleicht etwas grob, sagt auch

Schmidbauer, er betont aber, dass diese Aufteilung hilfreich sei. Er hat mit hunderten von Patienten den Vater bearbeitet.

Lebenslauf eines Gefühls.

Monolog in einer Bar in Zürich.

»Jetzt will ich Dir mal sagen, wie dieses beschissene Leben läuft. Erst leidest Du unter Deinem Vater, weil er so dominant ist, das dauert die ersten zwanzig Jahre. Dann stemmst Du Dich gegen ihn und versuchst, ein eigner Kerl zu werden, da sind schnell nochmal zehn Jahre weg. Inzwischen bist Du selber Vater und unterdrückst Deinen Sohn. Gerade, wenn das mit Deinem eigenen Vater endlich einigermaßen okay ist, wird er krank. Ärztewartezimmer, dann Krankenpflege, schließlich Sterbebetreuung: nochmal zehn Jahre. Und dann, wenn Du gerade über den Schmerz und die Trauer hinweg bist, Dein eigener Sohn nach einem schwierigen Prozess endlich ausgezogen ist – dann, mein lieber Freund, wirst Du selber krank. So läuft dieses Leben.«

Der Lebenslauf eines Gefühls. Die Biographie einer Überforderung. Liebe, Schuld, Zweifel, Wut, Mitleid, Hass, Gewissen, Angst. Und diese Gefühle haben immer einen grausamen Höhepunkt: Man steht an einem Grab.

Diese Überforderung, die den Vater und den Sohn betrifft, die auch über den Tod hinausgeht, führt zu einer Einsicht, die die Wehleidigkeit abschneidet und den Ball zu den Männern zurückspielt. Die Buddhisten haben das schon lange begriffen. Für sie ist klar, Eltern sind kein Schicksal, jeder sucht sich seine Eltern selbst aus.

Anleitung zum Männlichsein, Nummer zehn: Man muss aufpassen, dass die Berge, die sich hier auftürmen, nicht zu hoch werden. Sartre hat mit der gedanklichen Auslöschung seines Vaters eine radikale Lösung gewählt, die wir nicht empfehlen. Aber das Prinzip ist richtig: Ich schau mir meinen Vater-Sohn-Stoff an und mache mich zum Herrn dieser Geschichte. Die Verletzung aus Teenager-Zeiten nehme ich nicht mit in die Rente, ich erzähle sie nicht mehr, auch nicht mir selbst. Ich leide nicht mein ganzes Leben daran, dass ich meinen Vater enttäuscht habe, weil er es gern gesehen hätte, dass ich Pilot werde. Ich quäle mich nicht bei jeder Krise meines Sohnes mit der Frage, was ich falsch gemacht habe. Und wenn ich alt bin, jammere ich nicht, dass er mich zu selten besucht.

Sich zum Herrn seiner Geschichte machen heißt, eine eigene Melodie zu komponieren. Und es heißt auch, Fehler, Spannungen und Verletzungen einfach auszuhalten. Das ist das Beste, was wir tun können, für uns – und für alle anderen.

10. Kapitel

DIE FRAUENSTIMME:

Und wo ist die Mutter?

Das ist mal wieder typisch. Zwei Männer können gar nicht genug kriegen vom Nachdenken über den Vater. Dabei gibt es doch nur einen Grund, warum es mit Männern so kompliziert ist: die Mutter, die Beziehung, die immer die wichtigste bleibt, für alles das Muster ist, die sie nie loswerden. So ist es doch: Hauptsache, die Mami ist mit dem Buben zufrieden, dafür tun sie alles, nehmen alles in Kauf. Und sind dabei auf geradezu unfassbare Weise unmännlich.

11. Kapitel

MUTTER. EIN KOMMENTAR

Drei Gründe, warum das Problem Mutter in diesem Buch nicht als Problem behandelt wird.

1. Die Mutter ist eine Frau. In diesem Buch geht es um Männer.
2. Männer beherrschen ihre Mutter. Sie wickeln sie um den Finger und bekommen von ihr, was sie wollen.
3. Die Frau eines Mannes und die Mutter eines Mannes vertragen sich nicht, nie. Wir halten uns da raus.

Sollte uns, den beiden Autoren, 51 und 46 Jahre alt, eines Tages doch dämmern, dass das eine oder andere Gefühl immer noch auf seine Entfaltung wartet, dann schreiben wir darüber bestimmt kein Buch, sondern besprechen es mit unserer Mutter, und mit niemandem sonst.

12. Kapitel

DIE PHILOSOPHIE DER GENAUIGKEIT

Eine Sorgenvernichtungs-Maschine & Keine Überraschung im Ferienhaus & Fachmänner sind sexy & Kratzer auf dem Sarg eines Helden & Wie komme ich los von mir?

Es geht um den Krümmungskoeffizienten, um die Fließgeschwindigkeit, es geht um jeden Millimeter beim Abstand der Rillen im Stahl. Im Grunde sprechen wir von einer Sensation: Überall auf der Welt, in Australien, im Kongo, in Erkenschwick und in Moskau, fügen sich zwei Dinge immer, ohne Ausnahme, ganz genau zusammen, perfekt ineinander. Egal wie alt das Auto ist, egal, wo und von wem es gebaut wurde, wie oft es umgerüstet wurde – und egal, ob die Tankstelle einen einbeinigen Betreiber in der Wüste bei Kairuan hat oder über 130 Zapfstellen am Highwaykreuz Denver West verfügt: Der Rüssel mit dem Benzin passt in den Tankstutzen des Wagens.

Wir halten jede Wette: Wer sich das ausgedacht hat, war ein Mann. Und alle, die das organisiert und durchgesetzt haben, waren Männer.

Die Memovox von Jaeger LeCoultre ist eine flache, eher unscheinbare Armbanduhr, klassisches Design, Chrom und Stahl. Alles, was besonders ist, steckt im Gehäuse. Berühmt ist sie für ihren winzig kleinen, mechanischen Wecker, der klingelt, rasselt und vibriert im Stil der alten Wecker von Wilhelm Busch. Ein Bekannter der Autoren hat diese Uhr geschenkt bekommen. Er zog sie auf, stellte sie und programmierte auch den Wecker – falsch, wie er abends erfahren musste. Er saß mit Arbeitskollegen bei einem Geschäftsessen, als der Wecker der Memovox zum ersten Mal an seinem Handgelenk losging. Es war ein sehr lautes Restaurant, deshalb hörte er das Klingeln nicht, aber sein ganzes Handgelenk begann zu vibrieren. Und unser Mann dachte für zwei Sekunden: So, jetzt habe ich einen Gehirnschlag ...

Eine technische Spielerei, könnte man sagen. Uhrenmacher und Uhrenkäufer beleidigt man damit. Jahrtausende altes Wissen – ja Jahrtausende altes – steckt in solcher Handwerksarbeit. Noch genauer, noch kleiner, noch zuverlässiger, noch langlebiger, und nochmal und immer wieder: noch genauer, noch kleiner, noch zuverlässiger, noch langlebiger ... Diese Präzisions-Kette ist die Magie der Uhrmacherkunst. Dazu gehört, dass erwachsene Menschen, und in der Regel wird man sie als Männer identifizieren können, auf ihr Handgelenk deuten und voller Begeisterung sagen: Diese Uhr kannst du in 300 Meter Tiefe an die Spitze eines U-Bootes schnallen, und wenn es dann gegen ein Felsriff donnert, ist alles kaputt – nur die Uhr nicht.

In diesem Kapitel geht es um Genauigkeit. Darum, dass Genauigkeit eine Charaktereigenschaft ist, eine Stärke. Auf die man stolz sein kann, die man sich nicht nehmen lassen darf. Wir werden in diesem Kapitel zeigen, dass es dabei nicht nur um Technik geht. Genauigkeit hat damit zu tun, Widerstände zu überwinden und dadurch lebendig zu werden. Wer genau ist, muss sich ein Leben lang weiter entwickeln. Genauigkeit ist eine sehr Erfolg versprechende Art, den Sinn des Lebens zu finden. Und man wird verstehen: Genauigkeit ist so ziemlich das Gegenteil von Weglaufen.

Momentaufnahme eines glücklichen Mannes: Bei einer

Pressekonferenz wird das NASA-Projekt »Bemannter Flug zum Mars« vorgestellt – vom Leiter dieses Unternehmens, Michael Griffin. Die US-Regierung bewilligte für dieses große, extraterrestrische Abenteuer zunächst 104 Milliarden Dollar. Aber das ist nicht der Grund, warum der 56-jährige Physiker Michael Griffin glücklich ist.

Man sitzt vorm Fernseher und kann einen Mann beobachten, der beinahe außer sich ist vor Freude und mit ziemlicher Anstrengung versucht, das zu kontrollieren. Ist es so, dass man hier miterleben kann, wie ein Traum in Erfüllung geht? Der Traum vom Flug durchs All? Griffin spricht zwar jetzt davon, zur amerikanischen Bevölkerung, aber wenn man sich die Aufgabe, vor der er steht, genau ansieht, wird schnell klar: Um Träume geht es für ihn erstmal gar nicht. Zum Mars fliegen, da sprechen wir von interessanten Dimensionen, zu großen Dimensionen: zu viele Kilometer, zu viele Jahre ... Sollte ein Mensch schließlich seinen Fuß auf den roten Planeten setzen, Griffin wird es wahrscheinlich gar nicht mehr erleben. Und das weiß er jetzt schon, so ist der Plan.

Er ist der Mann, der etwas anfangen darf, den es glücklich macht, das erste Glied in der schier unglaublichen Präzisionskette zu sein, die jetzt zusammengefügt wird. Man sieht es ihm an, dort im Fernseher, dass er es kaum abwarten kann, den großen Rechner einzuschalten.

Momentaufnahme eines unglücklichen Mannes: Ein Schriftsteller, gerade dreißig geworden, in seiner fast leeren Berliner Wohnung. Ein bisschen viel Müll liegt herum, ein Fernseher, eine Musikanlage, irgendwo eine Matratze. Einer der beiden Autoren besuchte ihn, um über das neue Buch des jungen Schriftstellers zu sprechen. Es ging ihm nicht gut, dem jungen Schriftsteller, das merkte man schnell. Er wirkte nervös, fahrig, er schwitzte stark. Dass er Probleme mit Drogen hat, ist bekannt, oft genug hat er selbst davon gesprochen. Doch diesmal redete er von einer Sehnsucht, davon, wie er sich das Glück eines Nachmittags vorstellte: Er, vor einem Bücherschrank sitzend, in einem Fachbuch lesend, beispielsweise, sagte er, über die Geschichte der Elektrifizierung der Eisenbahn. Stunden sollten so vergehen, er immer nur lesend, alles um sich herum vergessend, nur interessiert an der Beschreibung der Elektrifizierung dieser Bahn. Es war ziemlich bewegend, ihm so zuzuhören, denn er fügte sofort hinzu, warum er einen solchen Nachmittag nicht hinbringe, nie, auf keinen Fall. Er würde sich nämlich, sagte er, schon nach wenigen Minuten anfangen zu betrachten: Hey, sieht cool aus, wie ich da sitze mit diesem merkwürdigen Buch, muss ich gleich nachher dem Freund und der Freundin erzählen, merke mir beim Lesen schon die witzigsten Zitate für später … »Verstehen Sie«, sagte er, »wenn ich mir zuschaue, kann ich sehr bald nicht mehr weiter lesen. So ist das bei allem: Dann funktioniert es nicht mehr. Das Problem ist: Ich schaue mir immer zu. Ich komme nicht los von mir.«

Wir haben in diesem Buch viel darüber nachgedacht, dass es klug ist, sich in bestimmten Situationen ganz auf sich zu konzentrieren. Wir halten fest: Es gehört zur Identität des Mannes, sich auf sich selbst zu verlassen.

Aber zur männlichen Identität gehört auch, von sich selbst wegzukommen, sich selbst immer wieder zu verlassen.

Gustave Flaubert (1821 bis 1880) hat den Studenten seiner Literatur-Schule immer folgende Aufgabe gestellt: Gehen Sie da drüben in den Wald, suchen Sie sich einen Baum aus und beschreiben Sie ihn. Und zwar so, dass ich, nachdem ich das gelesen habe, in den Wald gehen kann und genau diesen Baum erkenne.

Diese besondere Maserung der Rinde ... Der Schatten des großen unteren Astes ... Sieht das Laubbüschel dort oben nicht ein bisschen wie eine Eule aus? Wir wissen nicht, wie oft es geklappt hat, dass Lehrer Flaubert den richtigen Baum fand. Aber eines steht ganz sicher fest, das kann jeder leicht überprüfen: Beim Ausführen dieser Übung hat man sich selbst ganz schnell vergessen.

Markus Lüpertz ist ein vielseitiger Künstler, er malt, er macht Skulpturen, seine Materialien sind die verschiedensten Metalle und Steinsorten. Wenn er von seinen Studenten an der Düsseldorfer Kunsthochschule gefragt wird, was er denn für die wichtigste seiner Begabungen halte, antwortet er: die Fähigkeit, sich auf die eigene Arbeit zu konzentrieren, auf nichts sonst. Man müsse alle Sorgen und Probleme des Alltags wegblenden können, alle Wehleidigkeiten, alle Wehwehchen. »Jeder weiß«, sagt Lüpertz, »dass das nicht leicht ist. Aber wer hat jemals gesagt, dass das Leben leicht ist?« Und dann legte er eine hübsche Definition nach: »Ein Künstler muss eine Sorgenvernichtungsmaschine sein.«

Ich oder die elektrische Eisenbahn? Wer ist interessanter? Mit was von beidem will ich mich beschäftigen? Diese Frage trifft einen Nerv, weil sich nämlich alle, alle, inzwischen gegen die Eisenbahn entscheiden und auf die Seite des Ichs schlagen. Wir müssen es an dieser Stelle nicht mehr groß ausführen, nur noch antippen, denn die Diagnose ist vielfach gestellt: die Gesellschaft der Quasselrunden, der lähmenden Ich-Bezogenheit, die Gesellschaft, die sich in erster Linie mit Dingen beschäftigt, die möglichst schnell wieder zurück zum eigenen Ego führen und immer nur einen Mittelpunkt kennen: mich.

Es gibt Leute, die diese Ich-Zentrierung weiblich nennen – und das beschriebene Phänomen die Verweiblichung der Gesellschaft. Wie auch immer: Das Gegenteil davon, das Fokussieren einer Sache anstatt der eigenen Person, die Genauigkeit im Detail, dieses einer Sache auf den Grund gehen Wollen, wissen wollen, welche Stromstärke genau an jeder Gleisstelle abrufbar sein muss, damit der Zug ohne Kohlenwagen und Heizer fährt – das war immer die Stärke der Männer. Haben wir sie uns nehmen lassen?

Wenn Philip, Bettina, Frank, Anke, Bruno, Bea und Gil zusammen Urlaub machen und ein Ferienhaus in Galizien mieten würden, dann wäre es keine Überraschung, wenn Gil und Anke gestehen würden, dass sie mal was miteinander hatten und Bea und Frank ihrerseits ein Techtelmechtel leugneten. Es wäre auch keine Überraschung, wenn Brunos Rückenverspannung ihn zwei Tage außer Gefecht setzen würde. Aber wenn plötzlich die Wasserversorgung ausfallen und einer der Männer mit den Worten »Ich schau mir mal die Pumpe an« in den Keller steigen würde – und sie dann nicht nur anschauen, sondern reparieren würde, was wäre das für eine Überraschung! Woher kann der denn das? Wer hat ihm das beigebracht? Wieso hat er das nie erzählt?

Wenn der Axel da mitgefahren wäre, der Sundermann Axel, der hätte das mit der Pumpe geregelt. Der ist so ein Typ Mann, den man nur noch selten trifft. Der hatte nämlich einen Onkel, bei dem er immer den Sommer verbracht hat und der war nicht nur von Beruf Handwerker, sondern aus Berufung. Der war so etwas wie der Hausarzt des Dorfes für Maschinen, Geräte, Apparaturen. Immer wenn Axel Sundermann von diesem Onkel erzählt hat, entstand das Bild eines Mannes im Blaumann, und vor ihm, ausgebreitet auf einem großen Tisch, eine in alle Einzelteile zerlegte Maschine. Und jetzt darf man sich nichts Lässiges dabei vorstellen. Dieser Onkel hat manchmal nachts nicht geschlafen, weil er zum Beispiel nicht drauf kam, was dieses kleine Ventil in einem Durchlauferhitzer blockierte. Er war manchmal für niemanden mehr ansprechbar, weil er so lange keine Ruhe gab, bis das Ding wieder ging. Bei Beerdigungen ist ihm wohl als Einzigem immer unangenehm aufgefallen, dass das Häuflein Erde, das dem Toten nachgeworfen wird, genauer: die Steinchen in diesem Häuflein, den Lack des Sarges verkratzen. Seinen Kindern nahm er schon zwanzig Jahre vor seinem Tod das Versprechen ab, bitte auf diesen Brauch zu verzichten. Axel Sundermann mochte diesen Onkel sehr und hat oft gesagt, er habe von niemandem so viel gelernt wie von ihm.

Unsere Definition von Genauigkeit: Genauigkeit heißt dranbleiben, Widerstände überwinden, Wissen aufbauen und nicht mehr verlieren. Genauigkeit bedeutet, die Wahrheit festzustellen und festzuhalten, aber ohne jedes Geschwätz, sondern nach der Methode Onkel Sundermann: in Einzelteile zerlegen, sortieren, Mechanismen erkennen – und eine Lösung finden. Was diese Methode auch ausmacht, ist der Point of no return, kein Zaudern, kein Zurück mehr. Wie beim Flugzeug: Wenn auf der Startbahn eine bestimmte Geschwindigkeit erreicht ist, leuchtet eine Lampe auf, die dem Piloten sagt: Jetzt kann er nicht mehr abbrechen, jetzt geht's nur noch nach oben.

Wir kehren noch einmal zur krankhaften Ich-Zentriertheit dieser Gesellschaft zurück. Diesmal mit erhöhter Drehzahl. Diese Ich-Zentriertheit ist eine große Flucht davor, sich auf etwas anderes einzulassen als die eigene Befindlichkeit, auf etwas, das messbar ist, nachprüfbar, wiederholbar.

Damit es keine Missverständnisse gibt: Uns geht es hier schon um spezielle Fähigkeiten, auch Techniken, und dass es wichtig ist, sich solche anzueignen. Aber es geht um noch mehr.

Wenn in unserem Ferienhaus, abends auf der Terrasse, der Philip zusammen mit den anderen darüber nachdenkt und diskutiert, ob es sinnvoll ist, seinem Sohn das Schachspiel beizubringen, dann wäre das keine Überraschung.

Eine Überraschung wäre es, wenn er es täte. Oder noch sensationeller: Wenn er es schon getan hätte, immer dienstags und donnerstags, jeweils drei Stunden von 17 bis 20 Uhr, und das schon länger als ein Jahr, es dauert nämlich seine Zeit, bis man dieses Spiel wirklich spielen kann.

Nicht darüber nachdenken, wie man wirkt, sich in einer Sache ganz verlieren, auch zusammen mit jemandem, ob es Schach ist oder die Beobachtung des Saturn, das Verliebtsein in Genauigkeit – das hat uns Männern früher eine Menge Ärger gemacht. Du bist ja gar nicht anwesend, Du merkst gar nichts, ich spiel gar keine Rolle mehr, Du interessierst Dich nur noch für … Dieser Vorwurf kam von Frauen. Wir weisen ihn nachträglich zurück – und möchten ihn wiederhaben. Wir möchten wieder einer sein, der möglichst oft nichts mitbekommt.

Die elfte Anleitung zum Männlichsein kann man ausnahmsweise vom Sessel aus beobachten: Zum Beispiel beim Hundertmeterlauf, kommt oft im Fernsehen. Es ist sehr einfach: Wenn ein Hundertmeterläufer kurz vor dem Start ist, darf er sich nicht fragen, ob er den Herd ausgemacht hat, ob die letzte SMS seiner Freundin ein bisschen seltsam war, und er wird auch nicht über die ungerechte Steuernachzahlung nachdenken. Es gibt ihn also, den Schalter, mit dem man alles andere ausblendet. Sportler lernen, wie man diesen Schalter umlegt, wie man sich vollständig auf eine Sache konzentriert. Darum geht es, dieses Prinzip umzuwandeln in den Alltag. Nein, ich bin jetzt nicht zu sprechen. Nein, ich will nicht diskutieren. Ich bin beschäftigt.

Eine Nacht in einer Diskothek in Bad Tölz, Oberbayern. Nicht allzu viel los, plötzlich Unruhe an der Bar. Vier Schlägertypen machen Ärger, fegen Bierflaschen, Cocktailgläser vom Tresen, beleidigen die Männer, machen die Frauen an. Bis sie auf den Falschen trafen. Bert hieß er. Bislang wussten seine Freunde nur, dass er ein ziemlich guter Fußballer ist. Die folgende Szene arbeitete dann eine andere Nuance seiner Person heraus. Zwei der vier Typen erledigte er rückwärts mit einer dieser Bruce-Lee-Fußtritt-Kombinationen. Die anderen beiden packte er gleichzeitig an den Handgelenken, führte sie zur Tür und warf sie auf die Straße. Das Ganze dauerte nicht länger als zwanzig Sekunden. Als er mit dem Anflug eines Lächelns im Gesicht zurückkam, war die Lage in der Bar in Bad Tölz Oberbayern vollkommen klar: Alle Männer in diesem Raum beneideten ihn glühend. Und schätzungsweise 94 Prozent der Frauen wollten sofort mit ihm ins Bett.

Taekwon-Do ist eine koreanische Kampfsportart, berühmt für die Anmut der Bewegungen und die Formel »Fuß-Faust-Weg«. Unglücklicherweise kann man die vorhin beschriebene Sequenz nicht für sich genommen erlernen, nach dem Motto: Mehr will ich eigentlich nicht. Das weiß einer der Autoren, denn er ist damals, wenige Tage nach dem Tölzer Abend, zum Anfängertraining erschienen. Die erste Doppelstunde, Programm: fallen lernen. In die Praxis umgesetzt sah das so aus: Irgendein fortgeschrittener Schüler kam auf einen zu, packte einen und warf einen wenig anmutig auf den Boden. So ging das die ganze Zeit. Zwei Tage später, noch gezeichnet von blauen Flecken am ganzen Körper, hoffte der Autor auf eine Modifikation des Trainings. Aber nachdem die ersten 45 Minuten exakt nach dem gleichen Muster verlaufen waren (nur etwas schmerzhafter wegen der Vorschädigungen) und man sich in einer freien Minute gebückt erkundigt hatte, wie es denn überhaupt so weitergehe in den nächsten Stunden, wurde klar: Fallen lernen ist die Hauptsäule des gesamten ersten Jahres. Um es abzukürzen: Den Weg vom Weißgurt zum Schwarzgurt bekam der Autor niemals zu sehen.

Im Grunde ist es sehr einfach: Wenn jemand etwas kann, dann musste er es lernen. Und das war anstrengend. Er musste oft sagen: Ich bin beschäftigt. Vielleicht sollte sich ein Mann also nicht nur fragen, habe ich einen Sohn gezeugt, ein Haus gebaut, einen Baum gepflanzt, sondern auch: Was habe ich gelernt? Was kann ich?

Etwas können ist immer eine Erweiterung der Biographie. Wann hat man das gelernt? Wo? Von wem? Gegen welche Widerstände? Wie hat man sich dadurch verändert? Etwas können bringt Respekt ein. Und: Es macht das Leben leichter.

Schneeketten aufziehen, nachts um drei, am zugeschneiten Julierpass. Die Gesetze eines feinen Restaurants kennen: Wie bringt man die Frau an den Tisch, was soll das kleine Hämmerchen neben dem Teller? In einem Computer einen verschwundenen Text zurückholen, ganz selbstverständlich. Die dritte Fremdsprache sprechen. Den Lastwagenführerschein haben. Rettungsschwimmer sein. Bei einem Kabel, das aus der Decke hängt, den Nullleiter erkennen und wissen, was man damit macht. Wenn einer keine Band braucht fürs Geburtstagsständchen, sondern selber Trompete spielt.

In der Münchner Filmhochschule wird den Studenten eingebläut, sie sollen für die Figuren in ihren Filmstoffen nicht immer dieselben Berufe verwenden: Jurist, Architektin, Mitarbeiter einer Werbe-Agentur. Das Beschreiben verschiedener Begabungen, Fähigkeiten, bedeute immer das Eintauchen in eine andere Welt und führe zu interessanteren Handlungen. Bei den Dozenten herrscht zu diesem Thema regelrechte Verzweiflung. Ihre These: entsetzliche Phantasielosigkeit. Wir sehen einen anderen Grund: Die Filmhochschüler sind bequem und deshalb ungenau. Wenn sie sich einen Metzger ausdenken, müssen sie wissen: Was macht der denn? Was genau? Was ärgert ihn? Was freut ihn? Was ist in seinem Beruf schwierig? Was heißt das für den Rest des Lebens, ein Metzger zu sein? Für die Liebe? Für die Kindererziehung? Wenn ich darüber einen Film machen will, ein Drehbuch schreiben will, muss ich eine Woche in einer Schlachterei verbringen, täglich ab fünf Uhr, mindestens eine Woche, die erzählen nämlich erstmal gar nichts.

Dann doch lieber den Juristen, eine Szene in seiner Kanzlei mit seiner Sekretärin, das bringt man schon irgendwie hin, worum genau es zwischen den beiden geht, ist nicht wichtig. So entstehen sie dann, die immer gleichen Bilder, die viel langweiliger als die Realität sind.

Wir sind in diesem Kapitel angetreten, um eine Tugend wieder nach vorne zu holen: Genauigkeit. Dürfen wir noch ein neueres Ergebnis aus der Gehirnforschung hinzufügen? Der viel beschriebene und belächelte trottelige, zerstreute Professor, der seine Gedanken immer woanders hat – jetzt ist erwiesen: Seine Gedanken sind genau da, wo er sie haben will. Aber sein Gehirn braucht dafür mehr Zellen, Synapsen und Speicherplatz, muss also umprogrammieren. Anders formuliert: Der Professor zieht die Truppen seiner Gedanken an der wichtigsten Stelle zusammen.

13. Kapitel

MÄNNERBILDER

Ein leichter Fragebogen zum Ankreuzen & Eine schwierige Aufgabe zum Mitmachen

Wie ist der folgende Mann einzuschätzen? Ist er

a) ein Idiot,

b) ein eitler Selbstdarsteller,

c) ein Traummann?

Er hat gelogen, ihr falsche Geschichten erzählt, Termine erfunden, Verpflichtungen vorgeschoben, sie wochenlang betrogen. Er hat all das gemacht, was viele so machen, wenn sie eine Geliebte haben. Bis er eines Tages aufgeflogen ist und er schließlich beiden Frauen gegenüber saß. Ein Albtraum für alle Beteiligten. Der Beschluss der Ehefrau war eindeutig: Sie wollte nichts mehr mit ihm zu tun haben, nahm sich sofort eine Wohnung, verweigerte jedes weitere Gespräch.

Der Mann, von dem hier die Rede ist, ist Ende dreißig, von Beruf Historiker, Fachgebiet Clausewitz. Wenn er frei hat, geht er in die Berge, auch mit Seil und Haken, eher ein Einzelgänger, einer, der von sich sagt, dass er – wenn überhaupt – nur einen Freund hat, den, mit dem er schon im Kindergarten gespielt hat.

Sieben Wochen und vier Tage lang stand er nach diesem Gau jeden Morgen um fünf Uhr dreißig vor der neuen Wohnung seiner Frau, genauer auf der gegenüberliegenden Straßenseite. Er wusste ja, dass sie um diese Zeit aufbrach, um ihren Dienst als OP-Schwester anzutreten. Dort stehend begrüßte er sie jeden Morgen mit einem Handzeichen. Es war später Herbst, stockdunkel, ziemlich ungemütlich.

Die ersten Tage sah es so aus, als würde sie ihn nicht wahrnehmen. Nach einer Woche überquerte sie zum ersten Mal die Straße, um ihm zu sagen, dass er das lassen soll. Nach drei Wochen wurde sie wütend und drohte mit der Polizei.

Am nächsten Tag stand er wieder da. Diesem vorhin erwähnten Freund gegenüber hat er mal so etwas wie eine Erklärung versucht: Davon, dass er sie wieder haben wollte, hat er gesprochen, aber auch davon, dass er irgendwie seine Schuld abtragen wollte, dass er jedenfalls das Gefühl hatte, das gehört sich jetzt so, dass er sich da jeden Morgen aufbaut.

Wie auch immer: Diese Maßnahme hat dazu geführt, dass die beiden wieder anfingen, miteinander zu sprechen – nach 53 Tagen. Und aus diesem Sprechen wurde wieder mehr.

*

Wie ist der folgende Mann einzuschätzen? Ist er

a) einer, der seine Mitarbeiter quält,

b) einer, der zockt,

c) einer, der mitfühlt?

Der Mann ist Chefredakteur der englischen Tageszeitung »The Guardian«. Die übliche Morgenkonferenz, alle Ressorts der Zeitung am Tisch, Nachrichten, Politik, Sport, Feuilleton, Wirtschaft. Die Themen für die Ausgabe von morgen werden festgelegt: Informationen, Ideen, Anregungen sind willkommen. Es ist kein besonders aufregender Tag, eher normales Programm. Eine Meldung unter ferner liefen, sechzig Zeilen in der Kultur: Nachruf auf Kurt Cobain.

Dem Chefredakteur fällt auf, dass einer der kreativsten Köpfe heute merkwürdig unbeteiligt dasitzt. Nach der Sitzung, beim Verlassen des Konferenzraumes, spricht er ihn darauf an:

»Was ist los mit Ihnen?«

»Ach, wissen Sie«, antwortet der, »es war eine furchtbare Nacht, bin kaum ins Bett gekommen. Mein Sohn, zwölf ist er, hat die ganze Nacht geheult, völlig verzweifelt der Junge, am Ende. Sein Held ist tot, hat sich umgebracht.«

»Sein Held?«

»Dieser Cobain, Rockstar, die Band heißt Nirvana. Ich habe immer noch nicht verstanden, was an diesem Cobain so bedeutend ist, aber eines weiß ich jetzt ganz genau«, sagt er müde. »Meinem Jungen ist es verdammt ernst.«

Es dauert noch eine ganze Stunde, der Chefredakteur ist längst wieder in seinem Büro und in ganz anderen Besprechungen, als er plötzlich unterbricht und seiner Sekretärin zuruft: »Ich brauche sofort nochmal alle Ressortleiter, wir machen die morgige Ausgabe ganz anders.«

Es hat also eine Stunde gedauert, bis sich im Kopf und Bauch des Chefredakteurs eine Gedankenkette durchgesetzt hat – gegen viele andere Gedankenketten, erprobte, routinierte, mächtige. Als sie sich durchgesetzt hatte, sah sie ungefähr so aus: Wenn ein Vater seinen Sohn nach einer Nachricht eine ganze Nacht nicht trösten kann, dann ist diese Nachricht viel wichtiger als sechzig Zeilen. Und wenn sich hochrechnen lässt, dass es in dieser Nacht Millionen Söhnen und Töchtern ähnlich ergangen ist, dann hat diese Nachricht etwa so viel Power wie Tschernobyl.

Die seriöse Londoner Zeitung »The Guardian« erschien am nächsten Tag in ungewöhnlicher Form: Die ersten sechs Seiten hatten nur ein Thema, den Selbstmord des Jugendidols Kurt Cobain.

*

Wie ist der folgende Mann einzuschätzen? Ist er

a) ein Versager,

b) ein Realist,

c) ein Ehrenmann?

Eine Szene aus dem Film »Es war einmal in Amerika«: Noodles, gespielt von Robert de Niro, ist nach dreißig Jahren in sein New Yorker Viertel zurückgekehrt, aus dem er einst fliehen musste. Wir befinden uns am Ende der Geschichte, dieser großen Gangster-Saga. Noodles sitzt in der leeren, eher trostlosen Kneipe, wo alles anfing, und blickt in das Gesicht des alten Freundes, damals der Sohn des Wirtes, jetzt der Wirt.

»Manche sagen ja«, erklärt Noodles, »den Sieger erkennt man schon am Start. Bei Dir hat man immer gewusst: Das wird nichts.«

»Aber auf Dich hätte ich alles gesetzt«, entgegnet der andere.

Noodles schaut ihn an, sagt: »Und Du hättest alles verloren.«

»Was hast Du all die Jahre gemacht?«

Noodles: »Ich bin früh schlafen gegangen.«

*

Was ist der nächste für ein Typ? Ist er

a) ein Krawallmacher,

b) ein dummer Junge,

c) ein bayrischer James Dean?

Anfang einer Bundeswehrzeit. Bahnsteig in Achern,

Südbaden, 17 Uhr 06. Ankunft des Zuges aus München mit den neuen Rekruten für die Grundausbildung. Junge Männer in Jeans, mit Taschen über der Schulter und einem Stück Papier in der Hand, dem Einberufungsbescheid. Eine etwas unübersichtliche Situation, ein paar Meter weiter links stehen drei olivgrüne LKWs. Ein olivgrüner Feldwebel schreit mit schneidender, blecherner Stimme und unglaublicher Lautstärke. Man merkt, wie er sich darin gefällt, die verunsicherten jungen Leute herumzukommandieren. Bis einer, ein Großer mit deutlich zu langen Haaren, auch die Stimme erhebt. Er zeigt auf seinen Einberufungsbescheid. »Mein lieber Freund«, sagt er, »hier steht 18 Uhr. Ab 18 Uhr darfst Du Dich so aufführen. Jetzt sagst Du noch Sie zu mir und bittest mich ganz leise und höflich, dass ich in den Laster steige.«

15 Monate später, das Ende dieser Bundeswehrzeit. Bayernkaserne, Nachschubkompanie 760, der Große hat gerade noch fünf Tage bis zu seiner Entlassung. Der besonders unangenehme, milchgesichtige Kompaniechef begegnet ihm in der Mittagspause auf dem Hof und will das übliche Schikaneprogramm starten: stillstehen lassen vor allen anderen, Inspektion der Haare, der Kleidung, der Haltung … Aber der Große steht nicht still, zeigt dem Hauptmann stattdessen ein abgeschnittenes Maßband: »Lieber Freund, ich hab noch fünf Tage, Du glaubst gar nicht, wie wurscht mir jetzt die Hemdknöpfe sind.«

Nun, leider waren es aber eben noch fünf Tage, die sich jetzt etwas verlängerten. Genau genommen um 14 Tage Bau, wie eine vergitterte Zelle neben dem Wachhaus genannt wurde. Dort wurde er wegen »Befehlsverweigerung« eingesperrt. Der letzte Eintrag in seiner Bundeswehr-Akte, drei Tage vor seinem endgültigen Abschied, handelt von einem Käsebrot, das er wütend durch die Gitterstäbe auf den Kasernenhof geschleudert hatte, mit der Begründung, er esse diesen Käse schon seit elf Tagen, jetzt sei Schluss.

*

Was sind das für zwei Figuren? Sind sie

a) unverantwortlich,

b) leichtsinnig,

c) großartig?

Sie waren mal richtig gute Freunde, und sie haben sich ein bisschen wie Kings gefühlt, als sie Studenten waren. Sie waren ziemlich gut in Nebengeschäften, alte Alfa Romeos herrichten zum Beispiel und wieder verkaufen. Jetzt haben sie sich zufällig im Speisewagen wieder getroffen, auf der Strecke Hannover-Frankfurt. Jeder von beiden hat ein bisschen Stress vor sich, quälende Termine, langweilige Leute, alles ganz ohne Kingsgefühl. Und das wird jedem von beiden noch bewusster, je mehr er dem anderen davon erzählt.

Bald wechseln sie das Thema. Weißt Du noch, als wir mit dem Spider nach Sizilien gefahren sind? Weißt Du noch?

Als der Zug in Frankfurt hielt, stiegen die beiden nicht aus. Sie stiegen auch nicht in Stuttgart aus. Sie hatten es als Wink des Schicksals interpretiert, dass man in diesem Zug sitzen bleiben konnte bis nach Mailand. Die SMS an die Ehefrauen (eine von beiden hatte gerade die Scheidung eingereicht) kam aus Genua: Keine Sorge, bin in einer Woche wieder da. Ansonsten blieben beide Telefone aus. Die quälenden Termine und langweiligen Leute stauten sich auf den Mailboxen.

*

Ein ehemaliger Greenpeace-Aktivist aus Österreich, der jetzt eine Bar in Manaus im brasilianischen Amazonas-Gebiet betreibt: Wie ist sein folgendes Verhalten zu beurteilen? Ist er ein verantwortungsloser Angeber? Oder ein verantwortungsvoller Freund?

Der Mann lebt seit fünf Jahren in Manaus, und seit ungefähr derselben Zeit bekommt er mit, dass Freunde von ihm in Wien große Schwierigkeiten mit ihrem Sohn haben. Mitten in der Pubertät erreicht das einen dramatischen Höhepunkt: wieder in der Schule durchgefallen, Alkohol, Kleinkriminalität ... Der Mann in Brasilien hört seinen Freund am Telefon die Worte sagen: »Ich weiß nicht mehr, was ich tun soll.« Und statt Ratschläge zu erteilen, macht er über die achttausend Kilometer hinweg ein Angebot: Schick doch den Jungen zu mir, lass den ein paar Monate bei mir leben, ganz andere Erfahrungen machen, er soll sehen, dass das Leben auch ganz anders sein kann als bei euch in Wien.

Aus diesem Telefonat entstand am Amazonas eine Wohngemeinschaft: der Barkeeper, 40 – und der problematische Schüler, 15. Das Bemerkenswerte daran war, dass es sich dabei nicht um eine Art Erziehungscamp handelte, sondern um das Zuhause von zwei Männern.

»Ich erzähle dem Jungen nicht, was er tun und lassen soll, das hat er oft genug gehört. Er hat hier ein Zimmer, ich habe ihm einen Portugiesisch-Lehrer besorgt, wenn wir beide Zeit haben, unternehmen wir etwas zusammen. Manchmal treffen wir uns aber auch ein paar Tage lang nur morgens kurz in der Küche.«

Kein Mensch weiß, was sein wird, wenn der Junge wieder in seinem alten Leben mit den alten Problemen ankommt. Aber einer der beiden Autoren hat ihn in Brasilien erlebt, bei einer Bootsfahrt auf dem Fluss, beim Abendessen auf der Hafenterrasse, bei seinem Job in der Cafeteria an der Universität, beim Karneval. Da machte er jedenfalls einen guten, unbeschwerten Eindruck.

Der Barkeeper in Manaus hat in Wien Wirtschaft studiert, war jahrelang Umweltschutz-Lobbyist in Brüssel, hat in Venezuela gegen den Anbau von Soja gekämpft, um die desaströse Rodung der Regenwälder zu verhindern. Und dann hatte er plötzlich keine Lust mehr auf diesen aussichtslosen Kampf, wollte ihn anderen überlassen. Als Nächstes, das hat er schon beschlossen, will er nach Asien, einfach so, wieder ein Neuanfang.

Der Wechsel der Lebensperspektive, das ist die Stärke dieses Mannes. Und die hat er nicht für sich behalten. Vielleicht bringt der Junge davon etwas mit nach Hause.

*

Ist der nächste Mann

a) ein grausamer Egoist,

b) ein leichtfertiger Frauenheld,

c) ein Mann der Tat?

Eine Adventsgeschichte: Eine Journalistin interviewt einen Herz-Chirurgen, sie sprechen über seine Arbeit, sein Privatleben. Die beiden verstehen sich gut, bleiben noch länger sitzen, als das Tonband schon abgeschaltet ist, erzählen sich noch ein bisschen von ihrem Leben. Er, verheiratet, drei Kinder, sie, auch verheiratet, keine Kinder.

Ein paar Tage später ist der Heilige Abend, sie schmückt gerade den Christbaum, da läutet das Telefon. Der Chirurg ist dran, versichert ihr gleich, dass er um den ungünstigen Zeitpunkt weiß, er wolle ihr trotzdem etwas mitteilen. Er rufe von einem Hotel aus an, er habe nämlich gerade seine Familie verlassen, am Heiligen Abend, und vielleicht das Wichtigste: Der Grund dafür sei sie. Vielleicht habe sie in den nächsten Tagen mal Zeit für einen Kaffee.

Man ahnt, wie diese Adventsgeschichte ausging und wie schmerzlich das für viele Beteiligten war. Der Chirurg und die Journalistin sind schon lange verheiratet und haben eine eigene Familie.

Da hat einer eine Fähigkeit aus seiner Arbeitswelt auf das Private übertragen. In einer medizinischen Fachzeitschrift hat er das mal so erklärt: »Alle sagen immer, die wichtigste Fähigkeit des Chirurgen ist die ruhige Hand. Das ist Quatsch. Ein Chirurg muss vor allem eines können: Er muss Entscheidungen treffen, blitzschnell, immer wieder, gerade wenn es um Leben und Tod geht … er darf nie zögern oder lavieren.«

*

Kann ein einziger Satz die Ehre eines fragwürdigen Typen retten?

Besuch bei einem Münchener Playboy. Türkenstraße, Schwabing, 1½-Zimmer-Appartement, vierter Stock. Es dauert ein bisschen, bis er die Tür öffnet. James Graser, der mal von sich gesagt hatte, dass er eine Marktlücke entdeckt habe, den Beruf des Playboy: Hasen aufreißen als Geschäftsgrundlage, für sich und andere, reiche Männer. Wenn der James da war, war immer was los. 40 Jahre lang hielt er das durch.

Jetzt steht er an der Tür, schwer atmend, Jogginghose, ein merkwürdiges rosa farbenes Trachtenhemd. In den letzten Monaten war er mehrfach operiert worden, am Herzen. Einer der beiden Autoren war gekommen, um mit ihm über sein Leben zu sprechen.

Die Wohnung macht keinen guten Eindruck, abgewetzte Möbel, Altenheimgeruch. Er sitzt auf der Couch und erzählt von alten Zeiten, von den Reisen mit Flick, dem Milliardär, Côte d'Azur, Franz Joseph Strauß, Gunter Sachs … Ab und zu deutet er schwerfällig auf die Wand rechts von ihm, da hängen Fotos, der James im Smoking, Hasen drum herum.

Einmal macht er eine längere Pause, dann schaut er dem Autor direkt in die Augen, ernst, und gar nicht wehleidig. »Meine Situation jetzt? Das sehen Sie ja.« Und dann sagt er ihn, den Satz, fast nüchtern, ohne jeden Vorwurf: »Das war immer klar. So einer wie ich lebt wie ein König. Und stirbt wie ein Hund.« Vier Wochen später war James Graser tot.

*

Selbstverständlich gibt es jetzt keine Auswertung unseres kleinen Fragebogens, wir verteilen keine Punkte für die besten Männerbilder. Aber eine Auflösung gibt es schon, die beschriebenen Männer haben alle etwas gemeinsam: Sie haben Eigenschaften, und zwar keine angenommenen, abgeschauten, kopierten. Diese Eigenschaften haben viel mit ihrem Kern zu tun, sind deshalb auch nicht manipulierbar, nicht mal von ihnen selber.

Wenn schon die alten Bilder nichts mehr taugen, der Ritter, der Cowboy, der Jäger, dann vielleicht das Bild von dem Mann, der morgens um sechs im Regen vor der Wohnung seiner Frau steht, um eine Schuld zu begleichen. Oder von dem Chefredakteur, der eine ganze Zeitungsausgabe neu konzipiert, weil ihm ein Gefühl aufgefallen ist.

Männerbilder: Der Mann, der seine große Niederlage, verlorene dreißig Jahre, nicht beschönigt. Ein anderer, der sich nichts gefallen lässt, auch nicht gegen jede Vernunft, und schon gar nicht von einem Bundeswehroffizier. Zwei Geschäftsleute, die plötzlich ein altes Abenteuer fortsetzen. Ein Barkeeper, der für einen Jungen Verantwortung übernimmt, der ihn eigentlich gar nichts angeht. Ein Arzt, der am Heiligen Abend eine schwere Entscheidung trifft – aus Liebe. Und schließlich der gnadenlose Blick des alten Playboys auf sich selbst.

Anleitung zum Männlichsein, Nummer zwölf: Im Kampf gegen den Mann ohne Eigenschaften müssen neue Bilder her. Bilder von Männern, die nicht in der grauen Masse verschwunden sind, die sich gegen etwas gewehrt haben, die etwas riskiert haben, vielleicht auch untergegangen sind.

Wir begeben uns auf die Suche nach dem Mann mit Eigenschaften. Müsste eigentlich eine vergleichsweise leichte Aufgabe sein, muss man doch überall finden, diese Männer. Von wegen. Machen Sie es mal, lieber Leser. Sie werden schnell merken, was wir meinen.

14. Kapitel

DIE FRAUENSTIMME:

Ein Mann, ach Gottchen

Habt ihr schon gehört, es gibt jetzt eine Schule, da haben die Eltern beantragt, dass die Jungen automatisch eine Note besser kriegen als die Mädchen, weil sie sonst nicht mithalten können. Das ist kein Witz.

Wisst ihr, dass an der Volkshochschule ein Nachhilfe-Kurs für Männer angeboten wird: Wie sage ich meinem Chef, dass ich mehr Zeit für meine Familie brauche? Auch kein Witz.

Und noch was: Wir scherzen inzwischen auf unseren Frauentagungen darüber, wie wir euch helfen können. Zum Beispiel mit der Organisation einer Männerbewegung. Sonst geht's ja gesellschaftlich gar nicht mehr weiter.

15. Kapitel

DIE VERWEIBLICHUNG DER GESELLSCHAFT

Die Kalbsbrust-Formel & Der Markt: ein Feminist & Der wertlose Mann & Der Irrtum des Professors

Ein ganz normaler Donnerstag. Der Wecker läutet um sechs. Hund rauslassen, Wasser aufsetzen, Badezimmer, selber anziehen (geht nur jetzt), erster Weckversuch Kinder, erster Weckversuch Mann, Kaffee aufbrühen, Tisch decken, Pausenbrote machen, ein Kind sagt, es hat Ohrenschmerzen, der Mann sagt, er hat heute einen sehr unangenehmen Termin in der Arbeit, Liste schreiben, was heute zu erledigen ist (Pass abholen! Kalbsbrust für Sonntag beim Metzger vorbestellen!). Wo ist die blaue Mappe mit den kopierten Unterlagen? Und um 7 Uhr 25 muss der Älteste vorne am Schulbus stehen.

Um 8 Uhr 05 allein im Wagen, wie jeden Morgen das erste Telefonat mit der Sekretärin, was steht heute an?

Sie ist Leiterin der Pressestelle eines Energiekonzerns. Wenn sie ein Mann wäre, würde sie sagen: Jetzt geht der Tag los. Konferenzen im Dauertakt, fünfundzwanzig gelbe Zettel auf dem Schreibtisch, dreizehn davon »bitte sofort zurückrufen«, um 17 Uhr letzte Vorbereitung des Chefs für den morgigen Auftritt beim Kartellamt. Ein Fulltimejob, wie man so sagt.

Aber wir wollen nicht weiter von ihrem Beruf reden: Am späten Vormittag wird ihr ein Zettel anderen Inhaltes hereingereicht. Der Kindergarten hat angerufen,

Sohn muss wegen Ohrenschmerzen zum Arzt gebracht werden. Wie sie jetzt, scheinbar nebenbei, eine Lösung organisiert, in der sie selbst nur mal kurz zehn Minuten weg muss. Darum geht es uns hier, um solche Dinge. Auch um den Blumenstrauß für die Kollegin aus dem Rechnungswesen drei Stockwerke tiefer, der nun gar nicht hätte sein müssen, der ihr aber ein Anliegen war. Sie hat ihn selber hingebracht und noch eine Tasse Kaffee getrunken. Die Kollegin hatte die erste Nacht in einer neuen Wohnung vor sich – und in einem neuen Leben, nach der Trennung von ihrem Mann.

Wir wollen hier von der zentralen Stärke der Frauen sprechen: Sie beherrschen den Alltag. Diese Stärke ist zwar vielfach beschrieben, aber immer nur als individuelle Leistung, als privater Aspekt im Leben der Familie, als besondere Belastung auch für die Frauen – und als gebetsmühlenartige Forderung an die Männer, zumindest mal den Müll runterzutragen.

Viel zu wenig erkannt ist die gesellschaftliche Dimension dieser Stärke der Frauen. Aus der Tatsache, dass die Frauen den Alltag beherrschen und die Männer gelähmt in ihrer Identitätskrise verharren, ist eine Lawine entstanden, die schon viel Kraft hat, auch schon einiges unter sich begraben hat, aber erst dabei ist, ihre volle Gewalt zu entwickeln. Die Lawine hat einen Namen: die Verweiblichung der Gesellschaft.

Ein ganz normaler Donnerstag. Die Ohrenschmerzen des Sohnes der Pressestellenleiterin zeigen, dass die Gesundheitsmanagerin der Familie die Frau ist. Sie weiß, wovon die Rede ist, kann mit dem Arzt sprechen, diskutiert mit dem Apotheker, kennt sich aus. Damit ist auch ganz klar, an wen sich ein pharmazeutisches Unternehmen wenden muss, wenn es erfolgreich sein will: an die

Frau. Das Gleiche gilt für den ganzen Wellness-Bereich, von jeder Ayurveda-Kur bis zur Pilates-DVD.

Die vorbestellte Kalbsbrust für das Tauffest der Nichte eröffnet ein ähnlich gigantisches Geschäftsfeld. Und machen wir es kurz: Wer auch immer was auch immer in Sachen Essen und Trinken verkaufen will, muss sich an die Frau wenden. Das Gleiche gilt für die Bereiche Reisen, Wohnen, Schönheit (Kosmetik, Mode). Frauen kennen sich aus, Frauen entscheiden. Vom Kulturbetrieb war schon die Rede: Ohne Frauen gäbe es keine Verlage, Theater, Opernhäuser, Museen.

Die Stärke im Alltag, eine stille Revolution. Es geht nicht um einen hübsch gesteckten Blumenstrauß am Fensterbrett im Wohnzimmer oder ein liebevolles Pflaster auf dem verletzten Finger des Buben. Hier geht es um Milliardengeschäfte, und zwar um Branchen, die allesamt zukunftsweisend sind, nicht um Steinkohlebergwerke, nein, dort buddeln noch ein paar Männer.

Um die Dramatik dieser Revolution zu verdeutlichen, blenden wir in die Machtzentralen der Republik, zum Klischeebild: Männer, immer noch meistens unter sich, sitzen in ihren Gremien. Aber das, worüber sie nachdenken müssen, hat sich verändert. Ein Zauberwort beherrscht die Analysen, Prognosen, Strategien in den Geschäftsleitungen: Frauen. Und die Frage ist überall dieselbe: Wie kommen wir an die Frauen ran?

Frauen sind die Menschen für alle Fälle geworden. Frauen sind die Superkunden. Autos, Computer, Zeitungen, Fernsehen – meine Herren, wir müssen weiblicher werden.

Wenn das politische Nachrichtenmagazin »Der Spiegel« einen Titel macht »Die Heilkraft der Bewegung« ist es der bestverkaufte seit Monaten. Bei der Wochenillustrierten »Stern« war das Titelthema mit den besten Verkaufszahlen im gleichen Zeitraum »Magersucht«. Faktenorientierte Politik- und Wirtschaftssendungen sind aus dem Hauptabendprogramm des Fernsehens nahezu verschwunden, stattdessen wird das gesucht, was Frauen auch im sonstigen Leben gerne einfordern: das gute Gespräch. Im Fernsehen heißt das Talkshow. Man findet sie inzwischen zu jeder Tageszeit auf allen Kanälen – weil sie Einschaltquote bringt. Und Profis wissen: bloß nicht zu viel streiten, Harmonie ist wichtig, man spricht vom »Wohlfühlfaktor«.

Verweiblichung der Gesellschaft auf allen Kanälen: Medien, Politik, Familie, Freizeit, Gefühle, Psychologie, Gesundheit, Bildung, Kunst. Gefühl statt Sache, ich statt es, Harmonie statt Konflikt, reden statt tun, gleichzeitig statt der Reihe nach, Yoga statt Mathematik.

Wer das tut, was Frauen wollen, hat Erfolg. Wer das anbietet, was Frauen sich wünschen, steigert den Umsatz. Auf eine überraschende Art zeigt sich der Wirtschaftsmarkt schon geraume Zeit als Feminist.

Wie bitte? Wen sehen wir denn auf den Tagungen der großen Verbände und Unternehmen? Wen finden wir denn in den obersten Etagen der Banken, der Medien- und Pharmakonzerne? Männer oder Frauen? Wer sitzt denn da in Tarifverhandlungen gegenüber? Wer leitet denn die Buchverlage, Theater, Wissenschaftszentren? Und wer führt denn die Gehaltsstatistiken himmelweit an, Männer oder Frauen?

Klar, immer die Männer. Man könnte also sagen: Die Festung Macht hält. Innerhalb der Mauern spielen die Männer ihr altes Spiel. Sie vergeben und nehmen sich die Jobs, es gibt Seilschaften, sie sitzen herum in den Was-sollen-wir-tun-Gremien, schreiben E-Mails an die anderen Gremien zur Kenntnis, melden dauernd Bedenken an in punkto bestimmter Strategien, sie spenden sich Beifall, kanalisieren Kritik, schenken und entziehen sich gegenseitig Respekt, applaudieren sich selbst. Ja, hinter diesen Mauern sind sie die Fürsten, in dieses Reich kommt keiner und vor allem keine so schnell hinein.

Aber diese Festung hat ein Problem: Niemand greift sie wirklich an, niemand rüttelt an den Toren, niemand will sie erstürmen. Alles, was lebendig ist, macht einen Bogen. Die großen Bewegungen unserer Gesellschaft ziehen an ihr vorbei. Es ist ein bisschen wie in der Endzeit des Sozialismus. Nur innerhalb der Machtzentren war alles in Ordnung – und zwar bis ganz kurz vor dem Ende. Dann stellte sich heraus, was diese Mauern längst geworden waren: ein leere Hülle. Zur weltweiten Überraschung verlief der Abtritt der Machthaber nahezu geräuschlos und: jämmerlich. Gott sei Dank, möchte man hinzufügen.

Damit wir uns an dieser Stelle richtig verstehen: Natürlich ist der Kreml kein passendes Bild für die Konzernzentralen. Uns geht es darum zu beschreiben, dass in Machtzentren häufig ein Realitätsverlust eintritt. Der fällt besonders dann dramatisch aus, wenn er mit einer Identitätskrise einhergeht. Wenn also die Machthaber – in unserem Fall die Männer – an einer Identität festhalten, die von einem übergeordneten Standpunkt aus betrachtet bereits eine Karikatur ist.

Der Markt ist ein Feminist. Der Grund dafür ist in jedem Wirtschaftslehrbuch zu studieren: Der Markt muss eine Nachfrage stillen, konkrete Bedürfnisse befriedigen. Er ist angewiesen auf Leute, die genau wissen, was sie wollen und brauchen für ihr Leben, Tag für Tag. Und auch für die andere Variante, der Markt weckt erst Begehrlichkeiten und Bedürfnisse, muss genau wissen, wen er vor sich hat, welche Wesenszüge, Sehnsüchte und Konturen die Personen haben, für die etwas Neues erfunden werden soll.

Die Trostlosigkeit des Mannes: Hier ist sie in Euro und Cent auszurechnen, hier ist sie in den Bilanzen zu lesen. Der Kunde Mann ist längst im Nebel verschwunden, keine Ahnung vom Alltag, keine Ahnung vom Einkaufen, kein Fachmann in der Apotheke, auf breiter Front nicht in der Lage zu formulieren, was er will und was er ist. Ein schwammiges, achselzuckendes Wesen, das in alle Richtungen signalisiert: Ja, wenn Sie meinen, dann mache ich das jetzt so. Der einzige Wunsch, der geblieben ist und beinahe etwas Tragisches, Verzweifeltes hat, ist der Wunsch nach Anerkennung. Da hat er ein paar wirklich armselige Accessoires: Dienstwagen, immer neue Berufsbezeichnungen für die eigenen Hierarchiestufen. Wenigstens das Drucken von Visitenkarten ist Männersache.

Sie wären so gerne irgendwas, irgendwer, die Männer. Und um das zu schaffen, versuchen sie es allen recht zu machen. Wir haben schon mal von der Falle gesprochen, in die Männer sich begeben, wenn sie Dinge tun nur um des Beifalles willen, das war unsere Anleitung zum Männlichsein Nummer zwei, und sie bezog sich auf den Beifall der Frauen. An dieser Stelle müssen wir das Problem erweitern: Die Falle, in der die Männer stecken, ist schon viel tiefer. Sie wollen den Applaus von allen: vom Vorstandsvorsitzenden, vom Abteilungsleiter, von den Strategiegremien, von den eigenen Kindern, von der Nachbarin, von den Schwiegereltern, vom Fitnesstrainer – und vom Styleberater in der Lifestyle-Zeitschrift, der sagt, ein richtiger Mann trägt nur Pferdelederschuhe. Immer bereit, einen Witz auf Kosten anderer und meistens nicht Anwesender zu machen, Hauptsache es wird gelacht. Ein Anpassungskünstler ist er geworden, der Mann, sehr anstrengend übrigens diese Sache, abends ist er völlig fertig.

Karl Ludwig Schweisfurth ist eines Tages ausgebrochen aus seiner Männerwelt. Er war ein mächtiger Unternehmer, ihm gehörte die Firma »Hertha«, Marktführer in der Fleisch- und Wurstbranche. Warum er plötzlich Ende der 80er Jahre alles verkaufte, hatte nichts mit dem Geschäft zu tun, die Zahlen stimmten. Und das Entscheidende war auch nicht, dass seine Skrupel zugenommen hatten in letzter Zeit, ob dieser industrialisierte Umgang mit Fleisch und Tier moralisch in Ordnung sei. Nein, wenn er heute von seinem Ausstieg erzählt, spricht er von etwas anderem: »Mir ist auf einmal klar geworden, dass mein Leben, aber vor allem meine Arbeit völlig leer war, alles hatte nichts mit mir zu tun, alles war automatisiert, delegiert, technisiert. Und mir blieben nur noch die Knöpfe, auf die ich drückte. Das wollte ich nicht mehr.«

Wenn man so will, ist Schweisfurth seiner Branche treu geblieben, er hat sich ein riesiges Gut mit viel Grund in der Nähe von München gekauft, betreibt dort eine eigene Metzgerei samt Lebensmittelbetrieb, hat Schweineherden, Pferde, Kälber, Kühe. Und alles, was seine Leute da tun, kann Schweisfurth selbst auch, schlachten, Käse machen, Wurst. »Jetzt hat die Arbeit mit mir zu tun«, sagt der weißhaarige, siebzigjährige Mann. Doch neben der Produktion von biologischen, gesunden Lebensmitteln hat er noch ein anderes Anliegen: Er möchte die Kollegen von früher, die Manager und Vorstände der anderen Fleischfirmen, zur Umkehr bewegen, »ich weiß ja, wie es denen geht, nämlich genauso wie mir damals. Sie sind Roboter, und wenn man sie im richtigen

Moment erwischt, geben sie das auch zu. Ich weiß wirklich, wovon ich spreche: Sie führen kein glückliches Leben.« Aber noch kein einziger von den Managern hat bislang Konsequenzen gezogen. Erstaunlich sei das, sagt Schweisfurth, »die haben Angst vor der Veränderung. Sie kommen mir manchmal wie gelähmt vor.«

Lassen wir jetzt also diese Festung, in der die Männer in ihren Machtfantasien verharren, links liegen und schildern weiter, wie sehr der Prozess der Verweiblichung der Gesellschaft schon fortgeschritten ist.

Der Kunstprofessor und Maler Markus Lüpertz hat lange Jahre in seinen Universitätskursen nur männliche Studenten aufgenommen. Die Empörung der Frauen war groß, machte aber keinen Eindruck auf Lüpertz, er blieb bei seiner Begründung: Männer seien einfach die besseren Künstler, und Kunst habe nun mal nichts zu tun mit irgendwelcher politischer Correctness. Nun, heute sind in der Klasse von Markus Lüpertz mehr als zwei Drittel Studentinnen – und wieder ist die Erklärung des Professors sehr einfach: Längst sind es die Frauen, die besser sind. Er habe sich nicht länger dieser Tatsache entziehen können. Lüpertz prognostiziert, dass in wenigen Jahren der gesamte Kunstmarkt eine Angelegenheit der Frauen sein wird. Bräuchte der Vormarsch der Frauen einen Werbespot, die Wandlung des Markus Lüpertz würde sich prima eignen.

Rückblende ins Jahr 1987, Bonn war noch Deutschlands Hauptstadt. Ein Hintergrundgespräch im dortigen Presseclub, prominent besetzt, unter anderem mit der damaligen Frauen- und Familienministerin Rita Süßmuth. Thema der Veranstaltung: Wohin mit den qualifizierten Frauen? Eines der Themen: Einführung einer Frauenquote bei der Einstellung in deutschen Unternehmen – ja oder nein? Hier überraschte der Personalvorstand einer großen Bank mit der Feststellung, dass er diese Frage für relativ unsinnig hielte. Es gäbe in seinem Unternehmen bei der Neueinstellung längst eine heimliche Quote, aber nicht für Frauen, sondern für Männer. Wenn es nämlich nur nach Qualifikation ginge, müsste seine Bank längst fast nur noch Frauen einstellen. Und dabei blickte er mit dem sicheren Gefühl, auf Zustimmung zu stoßen, in die Runde und sagte: »Das kann ja nun wirklich niemand wollen.« Der Herr legte übrigens damals großen Wert darauf, dass er mit diesen Fakten auf keinen Fall zitiert werden dürfe. Schade eigentlich, dass die Leute in der Festung Mann angesichts einer solchen Faktenlage nicht darauf reagierten – sondern vielmehr die Zugbrücken hochzogen. In zwanzig Jahren hätte man Einiges korrigieren können.

Noch ein anderes Beispiel für die Verweiblichung der Gesellschaft: die Politik. Dabei geht es uns ausdrücklich nicht um Bundeskanzlerin Angela Merkel, um Hillary Clinton oder die vielen französischen Politikerinnen. Im Gegenteil, es ist wichtig für die Gesellschaft, dass Frauen in der Politik endlich da sind. Was wir zeigen wollen, ist, dass auch auf diesem Feld der Identitätsverlust der Männer unmittelbare Folgen hat. Und zwar sind das nicht nur die bereits beschriebenen traurigen Gestalten, die in den Parlamenten rumsitzen, sondern es sind leider auch die Themen, die verloren gegangen sind. Wo wird wirklich diskutiert über naturwissenschaftliche Forschung? Wo wird debattiert über wirtschaftspolitische Ansätze, die über Kostenreduzierung und Erhöhung der Vorstandsgehälter hinausgehen? Warum wurde nicht heftigst darüber gestritten, quer durch die Republik, dass Deutschland in Kriege eingetreten ist, längst Soldaten rund um die Welt schickt? Die Genauigkeit bei wissenschaftlichen Themen und die Kraft, sie in den Mittelpunkt zu rücken, und der Mut, scharfe Auseinandersetzungen zu führen und auszuhalten, also zu polarisieren: Wir behaupten, dass dies eine Angelegenheit der Männer wäre. Hier liegt eine Verantwortung, die nicht wahrgenommen wird. Auch das hat einen Beitrag zur allgemeinen Politikverdrossenheit geleistet.

Der Mann als Ingenieur einer besseren Welt wurde von vielen Seiten attackiert, von der Umweltbewegung, von den Fortschrittskritikern – und auch vom Feminismus. Sicher oft, sehr oft zu Recht. Natürlich musste und natürlich muss die Vorstellung von einer besseren Welt immer wieder korrigiert werden. Aber um Himmelswillen: Warum hat sich der Mann gleich aus der ganzen Rolle verabschiedet?

Es ist zu wenig, wenn die männlichen Politiker mit den Frauen rangeln über die Hoheit in den so genannten weichen Themen: Familie, Gesundheit, Soziales, Kultur.

Wir halten fest: Wenn ein Mensch eine Frau ist, dann ist diese Tatsache etwas wert. Wenn ein Mensch ein Mann ist, dann ist diese Tatsache nichts mehr wert.

Das ist inzwischen eine Formel, fast mathematisch gestützt, in vielen Untersuchungen. Der große alte Mann der Psychoanalyse, Professor Horst Eberhard Richter, hat in seinem letzten Buch diese Krise des Mannes ausführlich beschrieben. Er kommt zu dem Schluss, dass der Mann im klassischen Sinne ein Auslaufmodell sei. Seine Fähigkeiten seien in einer modernen komplexen Welt nicht mehr gefragt. Der Lösungsvorschlag des Psychoanalytikers lautet: Der Mann muss weiblicher werden, er muss von den Frauen lernen, die Frauen nachahmen, er darf sich davor nicht genieren, sich wie eine Frau zu verhalten.

Dieser Lösungsvorschlag hat ein Problem: Es ist kein Vorschlag für die Zukunft, sondern die Beschreibung dessen, was längst passiert ist.

Und davor steht ein großes Schild: Sackgasse. Sorry, Herr Professor.

Wir stellen dagegen unsere Anleitung zum Männlichsein, Nummer 13: Raus aus der Festung, raus aus der Sackgasse – rein in die ganz normalen Donnerstage. Wir müssen uns den Alltag zurückerobern.

Einer der beiden Autoren saß unlängst mit Kolleginnen und Kollegen in einer abendlichen Besprechung in einem Restaurant. Für eine Mutter von zwei kleinen Kindern war es schon nicht einfach gewesen, ihren Mann zu überreden, zu Hause die Stellung zu übernehmen. Richtig mühsam wurde es aber erst jetzt, während der Sitzung. Insgesamt achtmal rief er an, das Kind schreit ... wo ist der blaue Pumuckl? ... wann kommst Du? ... was soll ich machen?

Das ist das Gegenteil von dem, was gemeint ist. Schon eher in die richtige Richtung führt uns ein gemeinsamer Freund, der ein Jahr lang aus leitender Position heraus Vaterschaftsurlaub gemacht hat und auf eine sehr eigene Art und Weise diese Zeit mit seiner kleinen Tochter verbracht hat. War schon mal abends noch mit ihr im Kino, delegierte dies und das an seine Mutter, vergaß gelegentlich eine Waschmaschine, setzte sich über Ernährungsfibeln hinweg (kein Zucker, viel Gemüse) – und bekam dafür alles andere als Beifall. Weder von den Frauen einschließlich seiner eigenen, noch von den männlichen Kollegen und Freunden. Das lag daran, dass er das ganze Jahr über grenzenlos gute Laune hatte, nie irgendjemanden mit einem Problem belästigte, höchstens mal anrief, um mitzuteilen, wie schön es gerade beim Baden sei im Gegensatz zum Büro.

Den Alltag zurückerobern. Immer noch Anleitung zum Männlichsein, Nummer 13. Sich im Leben zurückmelden: Verantwortung übernehmen, sich einmischen, Aufgaben festlegen (Was mache ich? Was machst Du?), sich nicht verstecken, den Wert zurückgewinnen, der darin besteht, dass man ein Mann ist: als Vater, als Ehemann, als Chef, als Kunde, als Patient, als Koch …

Ja, jetzt sind wir wieder da angelangt, an der Stelle, an der man darüber nachdenkt, wer ein Mann ist, was es heißt, ein Mann zu sein. Wieder können wir nicht mit einem Rezept dienen, das man nachmachen kann. Allein schon deshalb, weil Männer ja wissen, irgendwas einfach nachmachen, das schickt sich schon gar nicht.

Aber das Bild von dem Mann, den wir meinen, komplettiert sich allmählich. Es hat mit Risiko zu tun, mit Genauigkeit, mit dem Erkennen und Durchsetzen eigener Bedürfnisse. Und mit der Bereitschaft, etwas auf sich zu nehmen, einfach deshalb, weil es sein muss.

Mannheim, eine Vorortsiedlung, sozialer Wohnungsbau, eine Schaukel und ein Fahrradständer auf dem Grünstreifen, ein Penny-Markt auf der anderen Straßenseite. Da wohnt er, der Möbelpacker, eine eher unscheinbare Person, schmal, nicht groß, das einzig Auffällige an ihm sind die starken Oberarme und vor allem die Tätowierungen darauf, zwei blaue Drachen. Ach ja, und da sind noch Max, Sophie, Patrick, Anna, Verena, Kevin und Fritz. Auf die muss er aufpassen, das sind seine sieben Kinder. Seine Frau war eines Tages weg, wollte ein anderes Leben, ein ganz anderes. Das jüngste Kind ist gerade ein Jahr alt, Fritz, der älteste ist zwölf. Freunde, Verwandte, Kollegen – alle hatten Ratschläge. Worte wie Kinderheime spielten da eine Rolle, Gastfamilien, soziale Dienste, Freigabe zur Adoption …

Ob der Mann das durchhält, wer will das jetzt sagen? So eine Familie ist ein Langzeitprojekt. Jedenfalls schlug er sämtliche Ratschläge aus. Das sind meine Kinder, das ist meine Aufgabe, das ist mein Leben. Um fünf steht der Möbelpacker jeden Morgen auf. Und um zehn Uhr abends läuft die letzte Waschmaschine.

Der Mann ist eine Ausnahme, fast möchte man sagen ein Held. Aber das liegt nur daran, dass Alleinerziehende fast ausschließlich Frauen sind. Ein weiteres, dramatisches Indiz dafür, wie sehr sich Männer aus dem Alltag verabschiedet haben. Sie sind Spezialisten der Flucht geworden.

Darf sich keiner täuschen: Die Rückeroberung des Alltags wird – egal in welchen Verhältnissen – nicht ohne Konflikte ablaufen. Und dabei wird es für den Mann nicht darum gehen, die ewige Forderung der Frau zu erfüllen: Du musst mehr mithelfen. Es wird darum gehen, einen eigenen Stil und einen eigenen Plan zu entwickeln, etwas für sich zu beanspruchen, auch den Frauen etwas wegzunehmen.

Josef Bierbichler ist einer der erfolgreichsten deutschen Theaterschauspieler. In seinem Buch »Verfluchtes Fleisch« schreibt er: »Wir haben zweierlei Geschlecht, wir stehen einander feindlich gegenüber … wir müssen uns mit unserer Gegensätzlichkeit begegnen anstatt uns Harmonien aufzubürden, sonst können wir der ewig gleichen Lüge nie entgehen.«

16. Kapitel

DIE FRAUENSTIMME:

Words don't come easy

Neulich war ich in einer Bar und habe einen Mann bei etwas beobachtet. Und dabei wurde mir klar: Das ist genau der Moment, in dem mir ein Mann am besten gefällt. Das wird euch jetzt ein bisschen überraschen, es war nämlich eine Karaoke-Bar. Der Mann hatte ein Mikrophon in der Hand. Eigentlich war er so ein ganz Cooler, richtiger Anzug, richtige Brille und so. Aber jetzt begann das Lied »Words don't come easy« von F. R. Davids zu spielen, ohne Gesang versteht sich, den musste jetzt der Typ liefern, vor ungefähr 150 Zuschauern. Das habe ich schon ein paar Mal erlebt, Männer in dieser Situation sind umwerfend. Und das hat zwei Gründe: Sie stellen sich einer Aufgabe, die sie gar nicht gut bewältigen können, Kontrollverlust kann man sagen, total. Wer das macht, hat Mumm. Und zweitens: Männer distanzieren sich in diesem Moment nicht, machen keine ironischen Schlenker, Späßchen oder Ausflüchte, sie sind jetzt ganz ernst und geben wirklich ihr Bestes. Die Regisseurin Sofia Coppola hat diesen Männern in ihrem Film »Lost in Translation« ein Denkmal gesetzt, in der berühmten Szene in der japanischen Bar. Bill Murray nimmt schüchtern das Mikrophon in die Hand und beginnt zu singen. »More than this« von Roxy Music. Seine Stimme ist brüchig, er reiht einen schiefen Ton an den anderen, es klingt peinlich. Aber anstatt verlegen zu lächeln, schließt er die Augen und singt weiter. Er sieht aus, als hätte er plötzlich etwas in sich entdeckt, worauf er entschlossen zugeht. Seine Stimme wird lauter und kommt auf einmal von tief unten. Er ist in diesem Moment der schutzloseste Mensch in dieser Bar. Und gleichzeitig unantastbar.

17. Kapitel

MUT ZUR LÄCHERLICHKEIT

Die Mahnung einer Fischgräte & Die Würde der zwei Kommunisten & Am Ende: Hoffentlich sind wir lächerlich

Früher, wenn sich die beiden Autoren getroffen haben, waren die Gesprächsthemen eher leichter Natur und durchaus berechenbar. Von den Rolling Stones und seinen Träumen redete der eine, von Rennpferden und seinen Träumen der andere. So war das mal. Man muss sich die Arbeit an diesem Buch auch so vorstellen: Immer, wenn sich die beiden Autoren jetzt treffen, müssen sie sich nur und immer nur damit beschäftigen, was männlich ist. Dabei wurde im Laufe der stundenlangen Zwiegespräche vor allem eine Formulierung das Merkmal für besonders schwierige Momente: »Ich spreche jetzt einfach mal alles aus.«

Wir haben in Berlin nachgedacht, wir haben in Hamburg nachgedacht, wir haben in München nachgedacht, auf der Autobahn, im Flugzeug. Einmal hat es uns im Sommer mit dieser Aufgabe für viele Tage nach Portugal verschlagen, an die Atlantikküste nördlich von Lissabon.

Mittagspause in Azenhas do Mar. Ein in den steilen Felsen gehauenes Dorf, zehn Etagen weiß getünchter Häuser, unten eine kleine Bucht mit Sandstrand und hohen Wellen, drüber ein Himmel, erstaunlicherweise trotz der Sonne nicht blau, sondern silbern. Die Autoren sitzen auf der Steinterrasse des Restaurants unter einer mit Schilf gedeckten Veranda. Wir haben einen anstrengenden Vormittag am Computer hinter uns. Jetzt entwerfen wir immer neue Männerbilder und rücken weiter vor in Richtung »Männer müssen was aushalten, sich Situationen stellen, gelassen bleiben«. Männer eben.

Es sei erlaubt, das festzustellen: Allein das ständige Reden über das Mannsein lässt einen reifen. Ja, gelegentlich durchaus in den Rang des Großwildjägers aufsteigen.

In dieser Hochstimmung hatte der eine Autor einen Açorda Camarão vor sich, Brotbrei mit Scampi, ganz vorzüglich, der andere eine gegrillte Dorade, ebenso.

Bei dem ersten kleinen Stich im hinteren Mundbereich, den ein etwas zu gieriger Biss in die Dorade zur Folge hatte, dachte sich der eine Autor noch nichts. Der andere erinnert sich heute an einen etwas irritierten Gesichtsausdruck und kurz darauf ein wiederholtes Räuspern, das erst den Fluss des Gespräches unterbrach, bald aber jeden Gedanken. Ein auf dieses Geschehen aufmerksam gewordener Kellner brachte einen Teller Brot und eine Flasche Wasser. In gebrochenem Englisch versuchte er zu beruhigen: no problem, nur viel Brot essen und Wasser trinken. Der Stich hatte sich inzwischen dauerhaft im vagen Umfeld des Kehlkopfes eingenistet.

Das Einzige, was sich der eine betroffene Autor später zugutehalten konnte, ist die Tatsache, dass er in der medizinischen Ambulanz eines nahe gelegenen Ortes, in einer Art Gynäkologenstuhl liegend, einen mit einer langen dünnen Zange ausgerüsteten Arzt über sich gebeugt, noch zu einem philosophischen Gedanken fähig war: Sollte es im Universum irgendjemanden geben, der dem Männlichkeitswahn ein Ende bereiten wollte – und eine kleine Fischgräte losgeschickt hatte? Kurz danach musste er sich von dem Doktor durchweg Unangenehmes sagen lassen. Krankenhaus, aufschneiden, sofort. Und er machte die Erfahrung, wie schnell man sich vom Großwildjäger in einen ängstlichen Wurm verwandelt.

Im Norden von Lissabon, in der Gegend von Sintra, haben früher die Könige Urlaub gemacht. Alte Häuser zwischen Eukalyptusbäumen, kleine Bergdörfer mit wilden Hunden. Wir wohnten auf der Quinta einer alten Dame, die Ferienwohnungen vermietet. Eine Deutsche, die vor 45 Jahren nach Portugal ausgewandert war und sich hier niedergelassen hat. In ihrem Wohnzimmer hängen viele Fotografien aus ihrem Leben. Eine zeigt einen großen stattlichen Mann mit Glatze in Uniform. Ein früherer Liebhaber.

Als wir früher mal hier Ferien gemacht haben, hat uns die alte Dame von ihm erzählt – und wie er zu seinem Spitznamen gekommen war: General Bonkendonken. »Er war Engländer, und er machte sich immer lustig, wenn er die deutsche Sprache hörte. Er sagte, Deutsch klingt immer wie bonkendonken.« Vier Jahre lebte er hier in Portugal. Als er ging, kannten ihn alle nur unter diesem Namen: General Bonkendonken.

Damals hatten wir über diese Geschichte gelacht, diesmal waren wir hier, um eine Irritation aufzulösen. Warum war dieser immer zu laute, merkwürdig angezogene, oft peinliche und sehr oft lächerliche Bonkendonken ein Frauenheld? Warum redeten alle von einem tollen Mann, wenn sie von ihm sprachen? Hat der Mut zur Lächerlichkeit etwas mit Männlichkeit zu tun?

Seine Geliebte, die alte Dame heute, sagt, er sei natürlich nicht ständig so gewesen, Bonkendonken war kein Clown. Er war gebildet, man konnte sehr ernste Gespräche mit ihm führen, er war unternehmungslustig, ein großartiger Organisator. Er war auch sehr verlässlich –

bis auf diese unberechenbare Komponente, diese plötzliche Albernheit. Manchmal blitzte sie nur auf, aber manchmal war sie nicht zu halten. Dann war es ihm auch egal, in welchen Kreisen er sich gerade befand, ob andere Generäle am Tisch waren, ob ihm das schaden konnte ... Einmal, als er eine Tischrede halten musste, balancierte er stattdessen einen vollen Suppenteller auf seiner Glatze und forderte alle anderen auf, das Gleiche zu tun. So was war immer drin bei ihm.

Zu der Irritation Bonkendonken gesellte sich in Portugal noch eine weitere. Sie war in einem kleinen Café anzutreffen, in einem nahe gelegenen Ort, dort, wo wir immer nachmittags unseren Kaffee tranken (und wo wir auch das Überleben des einen Autors nach dem Gräten-Angriff feierten). Die beiden Besitzer wurden »die Kommunisten« genannt, jeder sagte: Treffen wir uns bei den »Kommunisten«, der Name des Cafés spielte überhaupt keine Rolle. Diesen Spitznamen hatten die beiden nicht etwa, weil sie die Chefs der örtlichen kommunistischen Partei waren, sondern weil vor dreißig Jahren in ihrem Café eine Versammlung stattgefunden hatte, auf der eine Art Flugblatt entworfen wurde, von dem keiner mehr eine Ahnung hat, was drinstand. Aber bestimmt war's was richtig Linkes.

Der eine Besitzer ist klein, hat keine Haare auf dem Kopf, dafür einen Schnurrbart. Der andere ist groß, hat Haare, aber keinen Schnurrbart. Sie stehen von morgens um acht Uhr bis abends um elf in ihrem Café. Es liegt direkt am Marktplatz gegenüber der Kirche und nicht weit weg vom Feuerwehrhaus. Sie tragen immer genau die gleiche Kleidung: Hose schwarz, Hemd braunweiß kariert – und über allem eine lange feuerrote Schürze. Wenn man jeden Tag dort ist, gewinnt man fast den Eindruck einer festgelegten Choreografie, nach der sich die beiden durch ihr Café und über die Terrasse bewegen.

Irgendwie lustig, die beiden. Man kann sagen: ein lächerlicher Anblick. Warum verschwindet diese Lächerlichkeit, je öfter man die Kommunisten sieht? Das war in diesem Fall die Irritation. Im Gegenteil sogar: Warum verwandelt sich diese Lächerlichkeit in Würde? Warum sind diese beiden der Stolz des Ortes, die beiden Männer vom Café?

Wann macht sich ein Mann lächerlich? Womit genau? Was ist das Wesen der Lächerlichkeit? Wir versammeln in dieser Frage ein paar Experten. Den amerikanischen Filmregisseur Blake Edwards, der, wie viele meinen, die lächerlichste Filmfigur aller Zeiten geschaffen hat, einen Partyschreck, einen Mann, bei dem auf einer Party einiges schief läuft. Edwards hat in einem Interview mal das lustige Geheimnis dieses Mannes erklärt (im Film gespielt von Peter Sellers): »Egal, was ihm für Schrecklichkeiten passieren, er bleibt immer völlig ernst, als wäre nichts gewesen, er lacht nie selbst, er schmunzelt nicht ein einziges Mal. Der Mann hält Kurs, bis zum Abspann.« Und den italienischen Komiker und Schauspieler Roberto Benigni, der in seinem KZ-Film »Das Leben ist schön« einen Vater spielt, der seinem kleinen Sohn im Todeslager eine Parallelwelt erzählt: Was sie da sehen, sei in Wahrheit nur ein hübsches Spiel mit vielen verkleideten Komparsen, das er und sein Junge ganz leicht gewinnen könnten. Roberto Benigni hat seine Philosophie einmal so formuliert: »Die meisten großen Momente im Leben tragen ein Entscheidungsproblem in sich – man weiß nicht, ob man über sie lachen oder weinen soll.« Und schließlich Jerry Lewis, ein Leben lang damit beschäftigt, die Gesetzmäßigkeit der Lächerlichkeit zu entschlüsseln.

Neulich, bei einer Rede anlässlich seines 80. Geburtstags, sagte er, er habe lange nach einer Formel gesucht, jetzt habe er sie gefunden: »Ein Mann hat ein Problem und versucht es zu lösen. Das ist das Lustigste, was es auf der Welt gibt.«

Ernst, Würde, Durchhaltevermögen: Diese Begriffe führen uns zurück zu den portugiesischen Freunden mit den roten Schürzen.

Wenn sie nur einmal in diesem Aufzug, beide gleich, im Café bedient hätten, wäre das lustig gewesen. Man hätte über sie gelacht – und sie selber hätten mitgelacht. Das Prinzip Karneval. Aber so ist es eben nicht. Sie arbeiten seit 35 Jahren in dieser Uniform, und sie tun das, weil sie eine Idee haben: Wer in einem Lokal bedient, muss von den Gästen zu unterscheiden sein, man hat eine Verantwortung, sieht immer gepflegt aus, macht sich nicht gemein mit den Leuten an den Tischen. Und: In einem Lokal, das etwas auf sich hält, in jedem guten Restaurant und jeder guten Bar sei das eben so, das Personal sieht gleich aus, wie Soldaten einer Kompanie. Die beiden Kommunisten sind immer gleichzeitig anwesend, sie wechseln sich nicht ab, es gibt keinen Schichtplan, keiner ohne den anderen. Würde ja auch die Choreografie durcheinander bringen. Nie, nicht im Traum kämen sie auf die Idee, dass man über sie lachen könnte. Wir zwei – lächerlich?

Es war der Pfarrer, der uns erklärt hat, dass auch die Menschen hier eine ganze Weile gebraucht haben, um zu begreifen, welche enorme Bedeutung diese beiden Männer für das Leben im Ort haben. Und zwar genau 14 Jahre. Dann bekam plötzlich der eine von beiden, der Kleine mit der Glatze, eine Lungenentzündung. Gefährliche Sache. Sein Kompagnon reagierte auf seine Art: Er schloss sofort das Lokal. Wie gesagt: keiner ohne den anderen.

Der Pfarrer sagt, das Problem war nicht, dass die Leute nichts zu trinken und keine Tosta mista bekamen, es gibt noch ein paar andere Lokale im Ort. Nein, es waren die beiden, die vermisst wurden. »Das Zentrum war weg. Und das Rührende war, dass es plötzlich einer nach dem anderen zugegeben hat … Drei Messen habe ich für ihn gelesen, die Leute wollten das.«

Hat geholfen, die Kommunisten haben wieder aufgemacht, ohne weitere Unterbrechung, inzwischen schon wieder 21 Jahre. Außer mittwochs natürlich, da ist Ruhetag.

Der Versuch, Dinge mit Würde zu erledigen. Der Versuch, eine Aufgabe mit dem gebotenen Ernst anzugehen. Und der Versuch durchzuhalten, was man angefangen hat. In diesen Versuchen liegt, im Sinne von Jerry Lewis, von Anfang an auch das Lustige, das Lächerliche.

Was gewinnt ein Mann, der sich lächerlich macht? Wir haben im Kapitel 12 festgehalten, dass die Genauigkeit mal eine Domäne des Mannes war und wieder sein müsste. Die Fähigkeit, sich ganz auf eine Sache zu konzentrieren, den Rest der Welt und sich selbst auszublenden – allein um dieser einen Sache willen. Bei der Lächerlichkeit ist das alles ganz genauso. Nur mit einem Unterschied: Andere Menschen haben auch etwas davon.

Diese Erfahrung macht jeder, der Geschichten erzählt. Zum Beispiel über Urlaube. Wer über die wunderbaren landschaftlichen Schönheiten Neuseelands in allen Schattierungen berichtet, kann sich sicher sein, dass die Blicke seiner Zuhörer sehr bald nach innen klappen. Oder wer den perfekten Service eines Hotels nicht nur genossen hat, sondern später auch leider in aller Ausführlichkeit beschreibt, wird seine Umgebung in immer neue Dimensionen der Langeweile führen.

Wenn man hingegen die Neuseelandreise mit einer nächtlichen Szene an einem sehr einsam, durchaus idyllisch gelegenen Tankautomaten beginnen kann, an dem einem allerdings ein kleines Missgeschick passiert ist – man hat 80 Liter Benzin statt Diesel in das gemietete Wohnmobil laufen lassen –, dann werden sich alle später für einen höchst vergnüglichen Abend bedanken.

Einer der beiden Autoren weiß aus Erfahrung, dass eine Hotelgeschichte beachtlich an Fahrt gewinnt, wenn man zwei neue Hauptdarsteller einführen kann: eine kleine und eine große Schneefräse. Die Kleine raubte den Schlaf mit einem Geräusch, das an einen Zahnarztbohrer erinnerte – um fünf Uhr früh. Die Große kam um sieben Uhr und trötete wie ein Elefant.

Übrigens, die Wahrnehmung der Lächerlichkeit funktioniert gern zeitversetzt. Es ist ja nicht so, dass man es lustig findet, wenn man in einer neuseeländischen Nacht, mitten im Nirgendwo, einen Dieselmotor mit 80 Litern Benzin erledigt hat. Und die Witzigkeit der beiden Schneefräsen am zehnten Urlaubstag im 300-Euro-Zimmer hält sich absolut in Grenzen.

Aber wenn man Glück hat, hat man einen kleinen Beamten im Kopf sitzen, einen Lächerlichkeits-Protokolleur, der alles notiert und abheftet – für später.

Die anderen haben etwas davon. Das, so klingt es jedenfalls in den Erzählungen, hat keiner so verstanden wie der englische General mit dem deutschen Spitznamen Bonkendonken. Und er hat noch mehr begriffen: wie man mit den Bausteinen der Lächerlichkeit spielt, mit Würde, Ernst, Durchhaltevermögen, Peinlichkeit, Scham, Lösungsversuchen, Stil, Haltung, Geschmack und Geschmacklosigkeit. All das zu kombinieren, neu zu mischen, im richtigen, aber noch viel besser: im falschen Moment, das war seine

Leidenschaft, sein großes Vergnügen. Das wollte er zu jeder Zeit, aber nicht zeitversetzt, sondern live.

Einer, der die Fäden zieht und das Leben zur großen Bühne macht – muss man noch mal fragen, warum so einer attraktiv ist? Die Irritation Bonkendonken ist abgehakt. Aber inzwischen ist ein Gefühl aufgekommen, eine Ahnung: Hinter dem Thema Lächerlichkeit verbirgt sich noch etwas. Etwas Großes.

Ein bisschen was davon verrät, wie ein bekannter Münchner Schauspieler damit fertig wurde, was ihm auf der Pferderennbahn passiert ist. Er kam plötzlich in dieses Milieu und war schnell fasziniert. Und das Milieu auch von ihm. Er kaufte ziemlich teuer einige Rennpferde. Oder wurden sie ihm verkauft und waren sie zu teuer? Entscheidend ist jetzt nicht, was genau passiert ist, sondern wer es erzählt und wie. Der Mann hat es richtig gemacht, er hat es selbst erzählt, und zwar so: »Als ich damals auf die Rennbahn kam, haben 25 Leute sofort überlegt, wie sie mich reinlegen. Und 23 von ihnen ist es auch gelungen.«

Hört sich einfach an, ist aber schwer. Kann jeder selber überprüfen. Wie oft hört man denn die Geschichte: Ich bin richtig reingelegt worden, weil ich so doof war? Und wie oft erzählt man sie selbst? Hört man nicht fast immer das Gegenteil? Ich kann nichts dafür, ich habe alles richtig gemacht ... Oder man hört gar nichts, und nur ein paar andere tuscheln.

Die Stärke des Schauspielers: Man lacht mit ihm über ihn – in einer an sich unangenehmen und peinlichen Angelegenheit. Er steht irgendwie gut da, jedenfalls besser als in allen anderen Varianten.

Noch ein wenig deutlicher wird die Größe des Themas Lächerlichkeit, wenn man den Schilderungen eines älteren

Mannes zuhört, genauer: den Geschichten, wie ihm seine beiden Ehefrauen abhanden kamen. Der Mann war Journalist. Bei der ersten lief es so ab: Er sollte einen sehr erfolgreichen Fußballtrainer interviewen, der in der Stadt war. Sofort am Telefon, als sie den Treffpunkt vereinbaren wollten, sprach der von einem Hotelkoller, ob er nicht zu ihm nach Hause kommen könne. Klar, antwortete der Journalist. Meine Frau macht eine Kleinigkeit zu essen. Nun: Die Frau sah den Trainer, der Trainer sah die Frau, und die bis dahin zumindest vom Mann als glücklich empfundene langjährige Ehe war ungefähr vier Tage später beendet. Der Geschiedene brauchte lange, sehr lange, bis er sich auch nur andeutungsweise von diesem Schlag erholt hatte. In seinem Beisein durfte Monate nicht über Frauen gesprochen werden, speziell über das Wesen der Frau im Allgemeinen.

Immer noch tief verwundet, verschlug ihn das Schicksal auf eine Rechercheriese nach Prag. Wir befinden uns Anfang der achtziger Jahre, die Sowjetunion gab es noch, sie krallte die Ostblockstaaten hinter dem zusammen, was man den Eisernen Vorhang nannte. Niemand durfte raus. Ein Journalist, der mit Genehmigung dort recherchierte, wurde streng beobachtet, bespitzelt. Das wusste natürlich auch unser Mann, deshalb war er besonders vorsichtig, auch, als er bei einer Busfahrt eine Frau kennenlernte, Anna. Zwei Jahre hat es gedauert, bis er Vertrauen zu ihr fasste. Zunächst kam er wegen der Recherche immer wieder zurück nach Prag, dann wegen Anna. Eine gemeinsame Zukunft konnte nur Heirat heißen, nur dann durfte sie das Land verlassen. Nochmal zehn Monate vergingen für die Formalitäten. Geplant war es so: Standesamtliche Trauung in Prag, Hochzeitsfeier in München. Gekommen ist es so: Standesamtliche Trauung in Prag,

Fahrt mit dem Auto über die Grenze. »Dreihundert Meter dahinter bat sie mich anzuhalten. Ich hielt an. Und sie sagte noch ungefähr vier Sätze zu mir. Sie wolle nicht drumrumreden, sie habe mich nur aus einem einzigen Grund geheiratet, um in den Westen zu kommen. Entschuldigung, tut ihr leid, trotzdem vielen Dank für alles. Dann nahm sie ihre Tasche vom Rücksitz, stieg aus und lief in den Ort hinein. Mit meiner zweiten Frau war ich nicht mal ganz sieben Stunden verheiratet.«

Wie er noch ein bisschen sitzengeblieben ist, in seinem Auto, schließlich weiterfuhr und bei der ersten Telefonzelle wieder anhielt. Wie er seinen besten Freund in München anrief, frag jetzt nicht warum, sondern hilf mir einfach, du musst die Hochzeitsfeier stornieren, allen absagen, sofort, auch dem Partyservice wegen der Hummerschwänze …

Einer der beiden Autoren hat mal einen Abend erlebt, an dem dieser Mann seine Zertrümmerung in Sachen Frau erzählte. Man weiß ja eigentlich nicht, soll man lachen oder weinen. Aber diese Entscheidung hat er seinen Zuhörern abgenommen, und zwar dadurch, wie er sie erzählt hat: Lacht über mich, bitte. Man kann über diesen Abend sagen, es war einer der lustigsten überhaupt. Man muss über diesen Abend sagen: Der Journalist geht mit seinem Elend nicht hausieren, die Geschichte kam eher zufällig, als die Gastgeberin vom Liebeskummer ihrer Tochter erzählt hatte, und ein Geplänkel begann über Freud und Leid der Liebe. Hier ist nicht die Rede von einer Masche, um Small-Talk-Lacher zu holen, hier geht es um eine Erkenntnis.

Die Befreiung des Journalisten: Er redet nichts schön, er redet nichts weg, er sieht die Komik in seiner Tragik und schiebt sie nach vorne. Dadurch, dass er sich selbst zur lächerlichen Figur erklärt, entzieht er sich dem Stempel der tragischen Figur.

Das Große, das hinter der Lächerlichkeit hervorschimmert, ist die Freiheit.

Anleitung zum Männlichsein, Nummer 14: Ein Mann sollte sich vorbereiten, dass es Situationen im Leben gibt, die nur mit einem vergleichbar sind: dem Einrücken in ein Gefängnis, sei es ein äußeres oder ein inneres. Er sollte sich vorbereiten, weil man da ja wieder raus will und weil es auch einen überraschenden Weg nach draußen gibt.

Wir haben die Power, Geschichten, die finster sind, lustig zu machen, die eigene Figur einbezogen, wir können die Perspektive wechseln, wir tragen die Exit-Strategie in uns: den Mut zur Lächerlichkeit. Um im Bild zu bleiben: Lächerlichkeit ist die kleine Feile, die wir in jedes Gefängnis einschmuggeln müssen, am besten von Anfang an. Aber Vorsicht: Es wird intensiv durchleuchtet. Vor der kleinen Feile haben auch große Gefängnisse Respekt.

Das kann man ganz leicht auf die Gesellschaft übertragen. Wir lassen im Schnelldurchlauf ein paar Orte vorüber ziehen, wo die Lächerlichkeit gehasst und verfolgt wird: Kasernen, Schulen, Moscheen, Klöster, Haftanstalten, Steuerbehörden … Überall dort, wo Zwänge regieren, wird am besten begriffen, dass Lächerlichkeit viel mit Freiheit zu tun hat. In Kleingartensiedlungen, wo die Leute längst an ihren vielen Reglements ersticken. Überall dort, wo Ängste und Befürchtungen herrschen: Ist meine Musik zu laut für den Nachbarn? Darf ich jetzt noch Rasen mähen? Muss ich den Hund an die Leine nehmen? Kann man in diesem Mantel auf den Friedhof?

Die Sorge aufzufallen, aus der eigenen Gruppe rauszufallen, das quält viele Menschen. Die Gruppen können ganz unterschiedlich sein, die Sorge bleibt dieselbe. Ist das noch cool, diese Band, die Jacke, der Freund? Kann ich in diese Wohnung einziehen? Ist das die richtige Adresse für mich? Soll ich mich wirklich bei dieser Firma bewerben? Passt die zu meinem Image?

Die allergrößte Angst: Mach Dich nicht lächerlich.

Wir haben einige Zeit gebraucht, um zu erkennen, dass wir den Mut zur Lächerlichkeit hinzufügen müssen zur Identität des Mannes. Irgendwie passt die Lächerlichkeit ja nicht, es scheint fast paradox zu sein. Aber genau darin zeigt sich, wie eng das Bild vom Mann schnell werden kann. Zuerst hat er uns irritiert, der General Bonkendonken, jetzt ist er eine Art Mahnmal geworden: Wie sehr man aufpassen muss, dass Mannsein nicht ein eigenes Gefängnis wird.

In Portugal, zumindest in der Region, in der wir waren, gehen die Männer irgendwie lässiger mit dem Thema Lächerlichkeit um. Manchmal hat man sogar den Eindruck, sie suchen sie geradezu. An unserem letzten Tag fällt uns eine Bushaltestelle auf, an der normalerweise nie jemand wartet. Diesmal stehen dreißig Männer da, ganz junge, ganz alte, dicke, dünne, der Pfarrer ist auch dabei. Und João, der Gärtner unserer Vermieterin. Alle sind festtagsmäßig gekleidet. Stimmt auch mit dem Festtag, erklärt uns João. Heute ist sein Namenstag. Alle Männer, die hier stehen, heißen João. Und das ist Tradition: Am Tag von João machen alle Männer, die João heißen, einen Ausflug – mit dem Bus.

18. Kapitel

DER MANN UND DIE ARBEIT

Ängste wie in der Diktatur & Der Monolog eines Eisendrehers & Der verschwundene Stolz & Ein hoffnungsvolles Klassentreffen

In diesem Kapitel wird die Rede sein von ein paar Irrtümern. Einer davon ist der Glaube, dass Erfolg zu haben, erfolgreich zu bleiben, irgendetwas mit Männlichkeit und Mannsein zu tun hat. Weil Männer ihre anderen Währungen verloren haben, ist der messbare, vorzeigbare Erfolg die oft einzige Leitlinie geworden. Und weil das so ist, werden Positionen, Jobs, Dienstwägen, Visitenkarten bis auf die Zähne verteidigt, was wiederum dazu führt, dass diese Männer alles vermeiden, was ihre Situation gefährden könnte, zum Beispiel jedes Risiko, jede gewagte Entscheidung. Könnte ja schief gehen. Und was dann? Wenn ich alles verliere, was bleibt von mir übrig?

Manchmal hilft der Blick von außen: Ehemalige Oppositionelle in der DDR, inzwischen längst beschäftigt in bundesdeutschen Institutionen und Firmen, schildern gerne ihre Verwunderung, wie sehr manchmal fast virtuelle Ängste den Arbeitsalltag hierzulande bestimmen. Wer in der DDR in bestimmten Momenten, zu bestimmten Sachlagen den Mund aufmachte und sich mit den Autoritäten anlegte, riskierte oft wirklich etwas, Berufsverbot, im schlimmsten Fall auch Gefängnis. Das waren echte Mutproben. Das gehört zu den unerträglichen Unverschämtheiten einer Diktatur: Aus Menschen müssen da manchmal Helden werden – und es ist eben sehr menschlich, wenn die allermeisten dazu nicht in der Lage sind. Einige dieser einst verfolgten DDR-Leute fanden aber nun ähnliche Angststrukturen auch in der Demokratie wieder. Nur ohne Grund, ohne drohende Repressalien. Eher ein kollektiver innerer Monolog: Kommt das gut an, wenn ich mich jetzt auf diese Weise äußere? Darf ich meinem Chef widersprechen? Ist das fördernd für meine Karriere? Stelle ich mich gegen die Mehrheit und werde ein Außenseiter? Mache ich gewisse Dinge besser gar nicht, wenn sie später doch nur kritisiert werden? Trotte ich nicht lieber mit den anderen mit? Es ist kein Mut gefragt, aber man tut es nicht, aus Bequemlichkeit, aus einer Art vorauseilendem Gehorsam.

Die Ursache: Eine unbestimmte, lähmende Angst vor dem Verlust des eigenen Status.

Anleitung zum Männlichsein, 15 A: Ein Mann darf sich nie völlig abhängig machen von seiner Position im Beruf, von seinem Erfolg, vom Grad der Anerkennung, die er hier erfährt. Er muss sich immer der Möglichkeit bewusst sein, gehen zu können, wenn es sein muss, von einem Tag auf den anderen. Jede Zumutung, jede Beschränkung hat ihre Grenzen. Es muss einem Mann immer ganz klar sein, dass er mehr ist als sein Job, dass es fatal ist, wenn er die eigene Wichtigkeit weitestgehend aus dem Türschild in seinem Büro ableitet. Zu einem Mann gehört das Gefühl: Da draußen, außerhalb des Büroturms, wartet ein Leben, mein Leben.

Es gibt unzählige Geschichten, wie schwer der Verlust von Macht und Ansehen wiegt. Wenn der Posten weg ist. Wir wollen diese Geschichten nicht mehr hören. Liebe Männer, ist dieses Jammern euer Ernst? Ein Vorstand eines großen Energiekonzerns hat klagend erzählt, dass er jedes Jahr eine private Tombola bei sich zu Hause veranstaltete, mit all den Weihnachtsgeschenken, die ihm dienstlich zugeschickt wurden. Dann schied er aus, zum ersten Dezember. Ein letztes Mal wollte er die Tombola noch machen, für gute Zwecke, versteht sich. Doch es kam kein einziges Präsent mehr, doch, sie kamen schon, aber an den Nachfolger. An den Ex-Vorstand als Person, nichts. Er blies die Tombola ab. Er sagt, dass ihm dies sehr peinlich gewesen sei. Wir meinen: Na und?

Es ist im Grunde ziemlich einfach: Auch im Job sollte sich jeder darüber im Klaren sein, wer er ist, und das sollte er formulieren. Manchmal sind die Konsequenzen, die man daraus zu ziehen hat, gar nicht so einfach. Zum Beispiel in einer großen Zeitungsredaktion, wenn irgendwo ein Krieg ausbricht und schnell Reporter gesucht werden, die dort schnell hinfahren und berichten. Sich also in Gefahr begeben. In manchen Redaktionen gibt es einfach Marschbefehle, in unserem Beispiel wurde gefragt: Wärst Du bereit, würden Sie fahren? Die Ausreden wollten gar nicht mehr enden, und fast alle flüchteten sich: Meine Tochter ist krank, die Frau auch, außerdem der Urlaub oder die Handwerker, die dringend ins Haus müssten. Diesmal gehe es nicht, aber beim nächsten Einsatz sei man natürlich dabei. Nur einer reagierte anders. Nein, sagte er, er könne nicht fahren, weil er Angst habe. Er habe schon die Nacht nicht schlafen können, nur bei der Vorstellung, er müsse da hin. Irgendwie geniere er sich dafür, weil er auch ein anderes Selbstbild von sich hatte. Aber er müsse absagen, es gehe nicht anders.

Was feige klingt, ist männlich. Heraustreten aus der Masse, zu sagen: Sorry, so bin ich. Das kann ich und das kann ich nicht. Hat es ihm geschadet, dass er nicht für die Zeitung in den Krieg zog? Nein, natürlich nicht. Nur so beginnt auch am Arbeitsplatz die wichtige Differenzierung, wofür kann man den einen einsetzen, wozu taugt der andere. Grenzen setzen statt zu verwischen, Klarheit schaffen statt Harmonienebel zu produzieren, Ziele formulieren, für die man später gerade steht. All das könnte und müsste in der Arbeit in erster Linie Sache des Mannes sein.

Männerbilder. Es gab im München der Sechziger Jahre einen mächtigen und brillanten Journalisten, der aus eigenem Verschulden plötzlich einen höchst unangenehmen Skandal am Hals hatte. Der Mann wurde eines Tages in der Redaktion verhaftet, weil er eine Affäre hatte mit einer jungen Angestellten des Verlages. Die Treffen fanden in der Zweitwohnung eines befreundeten Redakteurs statt. Damals war die Justiz noch wesentlich sittenstrenger, unser Mann wurde wegen des Paragraphen »Unzucht mit Abhängigen« festgenommen. Der Redakteur kam übrigens ebenfalls vorübergehend in Haft, sein Paragraph hieß »Anstiftung zur Kuppelei«, für das Abtreten der Wohnung. In der eigenen Zeitung erschien ein Kommentar, der den Journalisten scharf attackierte. Die Überschrift lautete: »Hybris der Macht«.

Der Mann verlor seinen Posten wegen dieser Affäre. Und er saß ein paar Wochen in Untersuchungshaft. An einem Samstag wurde er entlassen. Immer sonntags fanden auf der Trabrennbahn in München die Rennen statt, der Journalist war Stammgast, besaß Rennpferde, und auf der Tribüne hatte er einen festen Tisch. Alle sagten, nein, er werde an diesem ersten Sonntag, frisch aus dem Gefängnis, sicher nicht auf der Bahn erscheinen. Zu groß sei die Schande, zu peinlich der Skandal. Sie irrten sich. Er kam, wie üblich mit einer roten Rose im Knopfloch des Jacketts, die er dann einer hübschen Frau am Nebentisch überreichte. Selbst seine größten Kritiker konnten sich dem Charme dieses Auftritts nur schwer entziehen. Hat sicher auch Kraft gekostet, dieser Sonntag, aber er demonstrierte auf diese Weise: Ich bin mehr als diese ärgerliche Geschichte, ich bin mehr als ein Gestürzter.

Noch ein Männerbild, diesmal leider anders: Der Leiter eines Zollamtes führt ein Doppelleben. Nach außen ist er ein ehrbarer, zuverlässiger Beamter, der nach Recht und Ordnung schaut. In Wirklichkeit lässt er sich seit vielen Jahren bestechen, von obskuren Geschäftsleuten, die ihre noch obskureren Waren unbehelligt über die Grenze schaffen wollen. Der Zollamtschef hatte so ein kleines Vermögen angesammelt, deponiert in der Schweiz, Nummernkonto, sogar auf den eigenen Namen, alles ganz korrekt. Nicht einmal seine Familie wusste etwas von dem Geld. Sehr lange blieb die große Lüge unbemerkt. Die Bestechungsgelder kamen in der Regel wöchentlich. Doch dann wurde einer seiner Geldgeber verhaftet, und der legte schnell ein umfangreiches Geständnis ab. Er ließ viele auffliegen, auch den braven Mann vom Zoll.

Wie hat der Zollamtschef nun reagiert? Eigentlich hat er doch damit rechnen müssen, dass eines Tages die Polizei in seinem Büro auftaucht. Nun, der Mann hat an seinem Schreibtisch Platz genommen und einen Abschiedsbrief verfasst. Er könne die Schande nicht ertragen, er könne mit ihr nicht weiterleben. Er könne auch seiner Ehefrau und seinen drei Töchtern, Sabine, 14, Heike, 11, und Melanie, 7, diese Schande nicht zumuten, auch sie sollten damit nicht weiterleben müssen. Er steckte den Brief in ein Kuvert, lud seinen Revolver und erschoss erst seine Frau, dann Sabine, Heike und Melanie und dann sich selbst. Das Ende eines deutschen Beamten.

Wer den Brief las, musste den Eindruck gewinnen, der Mann war sich bei dieser Tat noch irgendwie tapfer vorgekommen.

Die völlige Identifikation mit dem Job, mit dem, was dieser Job für eine Außenwirkung hat, und das damit verbundene Verschwinden der eigenen Persönlichkeit – all das trifft nicht nur für Männer zu, die hohe Positionen bekleiden, angesehene Posten haben, sich laut gesellschaftlichem Grundkonsens als erfolgreich bezeichnen können. Nein, im Prinzip funktioniert das unglücklicherweise genauso bei Männern, die schlecht bezahlt werden, die einen dürftigen, unbefriedigenden Job haben, die jeden Cent dreimal umdrehen müssen, und es funktioniert sogar bei Männern, die gar keinen Job haben. Sie alle erklären den Misserfolg zu ihrer wichtigsten Leitlinie. Eigentlich ist das noch eine Spur dämlicher, als sich über den scheinbaren Erfolg zu definieren.

Es gibt viele Studien, die belegen, dass Menschen, die in Deutschland zur so genannten Unterschicht gehören, viel unglücklicher und depressiver sind als Menschen, die etwa in den USA oder sogar in Bangladesh die Unterschicht bilden, obwohl es ihnen materiell und objektiv unvergleichlich besser geht als ihren Leidensgenossen in den anderen Ländern, wo Armut bittere Not und oft genug den Tod bedeutet. Soziologisch ist dieses Thema erforscht: Die deutsche Unterschicht leidet besonders an dem Gefühl, abgehängt und vergessen worden zu sein, nicht mehr dazuzugehören.

Unser Thema ist der Mann. Auch der Mann, der seit Jahren Sozialhilfe erhält, in Jogginghose aufwacht und in Jogginghose einschläft, vormittags das erste Bier vor dem Fernseher öffnet, der sich für nichts interessiert, an nichts teilhat, für nichts die Verantwortung übernimmt. Der nur jammert und schimpft, ein Mann ohne jedes wirkliche Profil, ohne jede Eigenschaft. Der für seine Umwelt die Hölle ist. Der möglicherweise in Jogginghose auch sterben wird.

Natürlich ist dieses Bild vom Sozialhilfeempfänger ein Klischee, und natürlich sind viele Sozialhilfeempfänger völlig anders, aber es gibt diese Männer, und sie werden eher mehr als weniger. Und wir erlauben uns die Bemerkung, dass diese Männer ein Schreckensbild sind, in ihrer Kraftlosigkeit, Dumpfheit, Bequemlichkeit. Es ist ein Irrtum anzunehmen, dass fehlendes Geld auch nur irgendeine Entschuldigung für fehlende Männlichkeit ist.

Einer der beiden Autoren traf unlängst den Regisseur Werner Herzog, der vor allem mit Filmen wie »Fitzcarraldo« und »Nosferatu« bekannt geworden ist. Das Gespräch fand in seinem Münchner Büro statt, und kurz vor Beginn erschien die Polizei, das Haus müsse geräumt werden, in einem Nachbargrundstück sei eine alte Fliegerbombe aus dem Zweiten Weltkrieg gefunden worden. Herzog unterschrieb eine Erklärung, dass er auf eigene Verantwortung hier bleiben werde, er sehe der Explosion des Sprengkörpers gelassen entgegen. Die Sache mit der Bombe machte ihm gute Laune, weil man gerade in diesem so arg ruhigen München daran erinnert werde, sagte er, dass das Leben eine unsichere Angelegenheit und dass dies immer wieder von Neuem zu akzeptieren sei. Herzog erzählte, er habe noch nie in seinem Leben eine Versicherung abgeschlossen, er habe auch noch nie irgendetwas gespart »für später«. Auf die Frage, ob er denn keine Angst habe, irgendwann mal arm und pleite zu sein, gab er eine interessante Antwort: Nein, weil ihn die Vorstellung wirklich nicht erschrecke, als alter Mann in einer kirchlichen oder städtischen Suppenküche zu essen. Es sei gut zu wissen, dass man im Sozialstaat Deutschland nicht Hunger leiden müsse. Wenn es ihn erwische, sagte Herzog, fürchte er sich nicht vor diesem Leben, und fügte hinzu: Warum auch?

Nun kann man sagen, hat leicht reden, der Herr Intellektuelle. Weiß doch im Grunde, dass er nicht stürzen wird. Aber bemerkenswert ist seine Antwort dennoch, weil eine Haltung dahinter steckt: Warum soll mein Leben in der Suppenküche weniger wert sein? Bleibe ich nicht auch dort der Mann, der ich immer war?

Anleitung zum Männlichsein, 15 B: Ein Mann darf sich nie völlig abhängig machen von einer Position in der Gesellschaft, sei sie noch so weit unten. Er darf sich nie abhängig machen von seinem Misserfolg, vom Grad der Ablehnung, die er hier erfährt. Es muss einem Mann immer ganz klar sein, dass er mehr ist als sein Job, auch mehr ist als eine mögliche Arbeitslosigkeit, dass es fatal ist, wenn er sein Selbstwertgefühl den beruflichen Niederlagen überlässt. Zu einem Mann gehört das Gefühl: Da draußen, außerhalb des ätzenden Jobs und des vielleicht noch ätzenderen Nicht-Jobs, wartet ein Leben, mein Leben. Ein Mann lässt sich nicht unterkriegen. Er versucht immer wieder was. Und wenn es der Beschluss ist, ein glücklicher Clochard zu werden.

Berlin, Zehlendorf, hübsche Straße mit hohen Bäumen, ein schönes Haus, schick und lichtdurchflutet, wie es sich für einen modernen Architekten gehört. Sein Büro hatte er in der zweiten Etage eingerichtet, Blick auf den Garten. Es war ein Freitag, als abschließend klar wurde, es geht nicht mehr weiter, das Leben als selbständiger Architekt steht vor dem Aus. Die letzte Besprechung fand mit seinem Steuerberater statt. Manchmal endet alles mit einer Summe unter dem Strich, diesmal war sie verdammt hoch, mit einem Minus als Vorzeichen. Sie machten eine Aufstellung, zur Vorlage beim Finanzamt und den anderen Gläubigern: Haus wird verkauft, die beiden Autos, die Lebensversicherung wird aufgelöst …

Berlin, Reinickendorf, eine nicht ganz so hübsche Straße, eine Dreieinhalb-Zimmerwohnung in einem grünlichen Mietsblock, dem neuen Zuhause der Architektenfamilie. Die beiden Töchter, neun und zwölf, teilen sich ein kleines Zimmer, anders geht es nicht. Er arbeitet jetzt in einem städtischen Amt, Zeitvertrag, kontrolliert Bauzeichnungen. Die Ehefrau hat angefangen zu kellnern in einem Café, hofft, dass sie bald eine Stellung findet in ihrem alten Metier, in der Werbebranche. Sieht aber nicht gut aus, sie war zu lange weg, und Werber müssen oft vor allem jung sein. Er hat jetzt 46 Euro für sich zur Verfügung, sozusagen als Taschengeld, im Monat. Das ist in etwa jeden Montag der »Spiegel« und zweimal die Woche ein Bier. Auf diese Weise hat er wenigstens sehr schnell das Rauchen aufgegeben.

Die Leistung des Architekten besteht darin, zum Beispiel seinen Töchtern erklärt zu haben, dass der Papa jetzt arm ist, dass es keine Reitstunden mehr gibt und auch kaum noch neue Klamotten. Er hat seinen Freunden gesagt, die Kartenrunde müsse jetzt ohne ihn auskommen, auch zum Essen ins Restaurant könne er nicht mehr mit. Alles nicht so einfach. Und sie haben eine Urlaubskasse eingerichtet, alle Nebenverdienste kommen da rein, die Hälfte vom Kellnerlohn der Mutter und auch die Hälfte vom Geld, das die größere Tochter für das Zeitungsaustragen erhält. Vielleicht reicht es für eine Woche Sommerferien in Brandenburg. Ach, und noch was: Die Familie macht einen ganz guten Eindruck.

Die Leistung: Der Mann hat geredet, hat sich nicht versteckt. Hat sich einer unangenehmen neuen Situation gestellt. Und er hat seine Würde behalten. Er hat sich nicht mit einem Bild identifiziert, das die Gesellschaft für einen solchen Fall schnell bereit hält: Der Verlierer, der das Recht verliert, seine Stimme zu erheben. Egal, was andere denken: Er hat beschlossen, sein Gesicht nicht zu verlieren.

Einer der beiden Autoren verbrachte einmal ein paar Tage mit einem Arbeiter im Krankenhaus, sie teilten sich ein Zimmer. Er war Dreher von Beruf, Eisendreher, seit 41 Jahren, wie er sagte. Mit 15 fing er damit an, jetzt war er 56, immer noch im Job, trotz seiner kaputten Bandscheiben. Ein großer, dicker Mann, der gut erzählen konnte von den Eisenfräsen seines Lebens, von der Mischung aus Kraft und Genauigkeit, die man braucht, um diese Maschinen zu bedienen. Und er erzählte vom Stolz, ein Facharbeiter zu sein, ein Eisenmann, wie er sagte, einer von »Krauss-Maffei«, so hieß seine langjährige Firma. Es war nie ein Thema, darauf nicht stolz zu sein, ein Minderwertigkeitsgefühl deswegen zu haben, auf diese Idee wäre er niemals gekommen. Doch irgendwann, sagte der Eisendreher, sei da was passiert. So richtig habe er es erst gemerkt, als sein Sohn und dessen Schulkameraden darüber nachdachten, welchen Beruf sie ergreifen wollen. Arbeiter, nee, Malocher, nee, ich doch nicht. Bin doch nicht blöd, viel arbeiten, wenig Geld, kein Ansehen. So redeten die Jungs, sagt der Vater. »Da habe ich nachgedacht: Die Welt von uns Arbeitern kommt nicht mehr vor, nirgends in dieser Gesellschaft. Wenn, dann als Problem: zu wenige Jobs, China, und so weiter. Wem kann ich noch von meiner Arbeit erzählen? Meiner Frau. Ich brauche nur in die Gesichter meiner jungen Arbeitskollegen schauen: Da sehe ich nur Frust. Die denken, sie sind Verlierer«. Hatte was Rührendes, dieser Monolog im Krankenzimmer. Auch wegen seiner Rückenschmerzen wälzte sich der schwere Mann dabei immer von der einen auf die andere Seite in seinem Bett.

Der andere der beiden Autoren war nach dem Abitur zwei Jahre bei der Bundeswehr gewesen, und er hatte da bald ein Problem, weil er in seiner Kompanie einer der ganz wenigen war, der Abitur hatte. Die anderen guckten ihn über Monate hinweg ziemlich skeptisch an, und zwar aus einer selbstbewussten Position heraus: Wir sind Leute, die vom Leben was verstehen, die hart arbeiten können, auf deren Worte man sich verlassen kann, die zuverlässig sind und die es überhaupt nicht leiden können, wenn man sie für blöd hält, weil sie nicht auf eine Universität gehen. Sie prüften und sie prüften und verstanden es ausdrücklich als Auszeichnung, wenn sie dann einen »Studierten« in ihrer Mitte akzeptierten.

Irgendwann ist dieser Stolz verloren gegangen, dieses Bewusstsein, etwas wert zu sein.

Die Männer unten: Sie haben sich das Etikett des Verlierers anheften lassen. Passiv und bequem ergeben sie sich diesem scheinbaren Schicksal, als könnte man dagegen nichts tun. Sie sind Spezialisten des Negativen geworden, des Jammerns, des Schweigens, des Neides. Dieses Phänomen lässt sich auch gut an der Politik studieren. Die Linke hat es zugelassen, nein, sie hat dafür gesorgt, dass aus der Arbeiterbewegung eine Ansammlung von Almosenempfängern geworden ist. »Uns steht zu …«, »Gebt uns …«, »Wir haben Anspruch auf …«, »Wir bitten um …«: Das sind die Formeln geworden von linken Politikern und Gewerkschaften. Sie merken gar nicht, welche große Idee sie damit verraten haben: Die Idee der

Augenhöhe. Das ist die schlimmste Umverteilung: Die Blicke von unten nach oben.

Die Männer oben: Sie halten ängstlich an dem fest, was sie haben, an ihrem Status, der das Wichtigste in ihrem Leben geworden ist. Sie machen in ihren Büros und Gremien immer neue Pläne, um sich hinter ihnen verstecken zu können. Eine gigantische Planwirtschaft ist daraus geworden – aus Furcht, einen Fehler zu machen.

Wir haben das Virus Mann diagnostiziert: den Mann ohne Eigenschaften. Wir wiederholen: Der Mann, der Angst vor dem Risiko hat, vor der Verantwortung, der träge, bequem und feige in Situationen verharrt, gegen die er längst Sturm laufen müsste. Er zieht keine Grenzen, trägt keine Konflikte aus, weil er das nicht aushält. Er hat die Genauigkeit verloren. Die Domänen der Männer sind keine mehr. Nirgends lässt sich diese Krise besser erkennen als in der Arbeitswelt, oben wie unten. Hier ist der Identitätsverlust des Mannes ein dramatisches gesellschaftliches Problem geworden.

Ein Klassentreffen, 25 Jahre Abitur, nur Jungs in der Klasse. Ein Nebenzimmer in einem kleinen Gasthof in der Nähe von München. Das 15-jährige Treffen vor zehn Jahren war grauenhaft gewesen. Man hatte den Eindruck, jeder spielte dem anderen vor, wie glücklich er ist, wie erfolgreich, wie richtig er alles gemacht hat. Meine Frau, mein Auto, mein Haus. Doch diesmal war alles anders. Der Doktor erzählte, dass er jetzt endlich mit über vierzig sein Coming-Out als Homosexueller hatte. Der Physiker schilderte lustig, wie traurig sein Berufsleben ist, irgendwo in Heilbronn. Der Englischprofessor fragte, ob jemand eine Wohnung für ihn wisse, er suche was, denn seine dritte Ehe sei es irgendwie auch nicht gewesen. Der Verlagsmann berichtete sehr interessant vom harten Konkurrenzkampf in seiner Branche und welche Idee ihn jetzt mal wenigstens vor der Pleite gerettet hatte.

Es war ein spannender Abend. Keine Spur von Soap-Opera mehr. Irgendwann fragten sich die ehemaligen Schüler selbst, warum dieses Treffen diesmal so anders war. Warum die Leute von ihren Niederlagen und Zweifeln erzählten. Einer sagte, vielleicht weil wir ganz schön alt geworden sind, inzwischen. Weil man begreift, dass es Zeit wird, die Masken abzulegen.

19. Kapitel

WIE WILLST DU ALT WERDEN?

Ein einfaches Kapitel. Es besteht nur aus einem Satz. Der Arzt Doktor Jewgenij Sergejewitsch Dorn sagt ihn in dem Stück »Die Möwe« von Anton Tschechow. Dieser Satz ist unsere Anleitung zum Männlichsein, Nummer 16:

»Es gibt nichts Jämmerlicheres als einen alten Mann, der über sein vertanes Leben klagt.«

20. Kapitel

WIE WEIT WILLST DU GEHEN?

Die Erkenntnis der Lesben & Ein unmöglicher Holger & Bereit zum Untergang?

Zeit für ein Geständnis. Natürlich haben wir, die beiden Autoren, in den vergangenen Monaten auch Frauen gefragt. Wir haben sogar viele Frauen gefragt: Was ist männlich? Was macht einen guten Mann aus? Was muss er haben, wie muss er sein, damit ihr ihn attraktiv findet, sexy?

Wir haben also gegen unsere eigene Anleitung zum Männlichsein verstoßen, nach der ein Mann sein Verhalten nie am Beifall von irgendjemandem ausrichten soll, einer Frau schon überhaupt nicht. Wir konnten uns natürlich sagen, dass es sich hier um ein rein berufliches Interesse handelte, sorgfältige Recherche … Und wenn wir ein Fazit dieser Befragungen ziehen sollen, dann fällt das auch eher trübe aus und untermauert unsere Anleitung. Frauen helfen wirklich nicht weiter.

Möchten Sie mal reinhören?

Die Frauenstimme
Was ist ein attraktiver Mann?

So ein Kümmerer darf er nicht sein, so einer, der immer fragt, wie geht's Dir, und das Haltbarkeitsdatum der Joghurts im Blick hat, bloß nicht. Gefühle und Schwächen soll er zeigen, aber bitte kein Softie, nein, um Gotteswillen, das ist das Schlimmste, auch keine Plaudertasche, nee, nee, nur das Gespräch, das ist schon das Wichtigste, ach ja, und Humor natürlich, und irgendwie schon so ein Cowboy, der auch mal sagt, wo's lang geht, aber er soll mich eben unterstützen, da sein für mich, mir mal einen Tee machen. Einer eben, dem nicht alles egal ist, der nicht alles mir überlässt, ja, gut aussehen muss er schon, gut gekleidet sein, sich pflegen, aber Äußerlichkeiten müssen ihm egal sein, das darf ihn gar nicht interessieren, wenn man das merkt, den ständigen Blick in den Spiegel, dann ist alles aus … Verlässlichkeit muss er ausstrahlen, oh ja, und Treue ist schon wichtig … Aber wehe wenn einer so fixiert ist, Liebes hier, Liebes da, nur noch mich sieht, keine andere Frau mehr bemerkt, das geht gar nicht …

So ließe sich das endlos fortsetzen, ein Salat aus Widersprüchen, den die Frauen da mischen, alle denselben. Was diesen Wirrwarr betrifft, herrscht Konsens. Fast alles unbrauchbar für unseren Kampf gegen den Mann ohne Eigenschaften, gegen das Virus unserer Trostlosigkeit.

Mit einer Ausnahme: Frauen formulieren immer auch die Krise, also das, was den Männern verloren gegangen ist, was sie früher ausgemacht hat. Und dabei steht an allererster Stelle, selbst bei ganz jungen Frauen, die sich nur auf Filme, Lieder und Bücher beziehen, eine konkrete Erwartung an den Mann, die er nicht mehr einlöst. Auch wenn die Frauen über diese eine Erwartung sehr sachlich sprechen, manchmal ironisch, wenn sie sie sogar als anachronistisch abtun – es ist doch eine Melancholie zu spüren, die hier zum Ausdruck kommt, eine Traurigkeit, die Männern nicht gefallen kann. Über die sie sich im Klaren sein müssen, wenn sie sich selbst fragen, was es bedeutet, ein Mann zu sein.

Hamburg, ein sehr teures Restaurant am Hafen, so nahe am Wasser, dass man um seine Nachspeise fürchtet, wenn ein Containerschiff vorbeifährt, das im Dunkeln wie ein Wolkenkratzer aussieht. Das Ehepaar, mit dem einer der Autoren hier sitzt, hat erst vor kurzem geheiratet, nach vielen Jahren, in denen die beiden schon zusammen gelebt haben. Es ist also eine Art nachträgliches Hochzeitsessen. Der Autor räumt gerne ein, dass er an diesem Abend mit keinerlei neuen Erkenntnissen für das Thema des Buches gerechnet hat. Denn bei dem befreundeten Ehepaar handelt es sich um zwei Frauen. Die eine ist Steueranwältin, die andere hat ein Möbelgeschäft. Beide sind um die fünfzig, tragen sehr elegante Anzüge, schwarz und dunkelgrau, dezenten, stilvollen Schmuck. Der Autor hat schon öfter erlebt, dass sie über Männer gesprochen haben. Es ging dabei um Politik, beide sind Feministinnen, es ging um Sexualstrafrecht, um Seilschaften zur Macht in den Unternehmen, man hat schon über Medizin diskutiert, wie männlich die klassische Medizin ist, wie gefährlich es deshalb ist, eine Frau zu sein, solche Themen …

An diesem Abend kommt der Mann ganz anders auf den Plan, und zwar, weil einer am Nebentisch nach Begleichung der Rechnung zügig das Lokal verlässt – ohne sich nach seiner Begleiterin umzudrehen, die beim Einsammeln ihrer Handtasche etwas länger gebraucht hat und ihm jetzt unsicher in großem Abstand folgt. Das finden die beiden lesbischen Frauen unmöglich: Ein Mann rennt nicht weg und lässt die Frau allein stehen, mitten im Restaurant.

Zunächst wird jetzt über die leider abhanden gekommenen Manieren gesprochen, darüber, dass ein Mann dafür Sorge tragen sollte, dass eine Frau sich wohl fühlt:

Er soll sehen, wenn etwas zu schwer zu tragen ist, und es ihr abnehmen, er soll sie aus Verlegenheiten befreien, Unsicherheiten und peinliche Situationen verhindern …

Es ist spät, der Espresso steht schon auf dem Tisch und ein paar herrliche hausgemachte kleine Plätzchen und Pralinen. Plötzlich beugt sich Christiane, die Frau in dem grauen Anzug, weit vor, nimmt zwei unterschiedliche Pralinen und stellt sie nebeneinander auf das weiße Tischtuch. »Weißt Du, es ist ganz einfach«, sagt sie. »In der Gegenwart eines Mannes muss eine Frau vor allem ein Gefühl haben: Sie muss sich sicher fühlen. Das ist das Allerwichtigste. Und das kriegt ihr Jungs nicht mehr hin.«

Der Mann als Beschützer, das große Klischee. Das also ist die Erwartung. Man will nicht so recht rein in dieses Gelände, Minen aus Tausenden von Jahren Menschheits- und Männergeschichte sind da verbuddelt, Waffen liegen da herum, Protokolle von Verbrechen, fast jedes Wort hat dort eine zweite, ekelhafte Bedeutung. Wenn Männer davon viel losgeworden sind – man kann ihnen eigentlich nur gratulieren.

Aber an solchen Stellen waren wir schon öfter, bei der Arbeit an diesem Buch. Es scheint fast so, als seien Themen, die mit Männlichkeit zu tun haben, zumindest mit der Definition von Männlichkeit, immer gefährliches Gebiet. Unter jedem Satz lauert eine Tretmine. Die eigene Lust als Maßstab (Vergewaltiger), nicht auf Beifall von Frauen achten (Macho), Genauigkeit in Technik (Pedant), etwas aushalten können (Gefühlskälte), Mut zum Risiko (Krieg). Vielleicht hängt der Identitätsverlust der Männer und das träge, fatalistische Verharren in ihm sogar damit zusammen, mit der Unwirtlichkeit dieses Gebietes.

Der Mann als Beschützer. Oder, wie es Christiane formuliert hat: einer sein, in dessen Gegenwart sich andere sicher fühlen. Ist das ein Teil der männlichen Identität, mit dem es lohnt, sich abzumühen, ihn zurückzuholen, ihn weiterzugeben? Die amerikanische Künstlerin und Frauenrechtlerin Jenny Holzer hat jedenfalls schon 1994 auf die Frage nach ihrer traurigsten Erkenntnis den Satz aufgeschrieben: »Men don't protect you anymore«. Männer beschützen Dich nicht mehr.

Wir lassen jetzt mal einen Kerl antreten, der deutlich macht, warum wir an dem Thema nicht vorbeikommen. Er ist Anfang dreißig, ein drahtiger Typ, wie man sagt, joggt dreimal die Woche, Holger heißt er, läuft rum im Look der Existenzialisten, schwarzer Pulli, schwarze Hornbrille, studiert Volkswirtschaft, bisschen lang schon, gibt sich gern etwas unwirsch, stör nicht meine Gedanken, so diese Art.

Wir, die Autoren, haben Holger nur am Rande kennengelernt, und zwar am Rande des Nervenzusammenbruchs einer gemeinsamen Freundin, die von ihm schwanger war. Sie auch Studentin, auch wenig Geld, die Liebe noch jung, also alle Fragen auf dem Tisch, alle Zweifel: Soll ich das Kind bekommen? Was wird dann? Wo werden wir wohnen? Woher wird das Geld kommen? Werden wir zusammen bleiben, vielleicht sogar heiraten?

Es verging keine der 40 Schwangerschaftswochen, in denen nicht einer der Autoren, meistens nachts, die werdende Mutter in größter Verzweiflung erlebte, am Telefon, manchmal auch vor der Wohnungstür. Und der Grund war immer Holger, der, wie er selbst sagte, »mit seinem Gefühls-Chaos nicht mehr klar kam«. Praktisch bedeutete das, dass der Mann seine schwangere Freundin jeden Tag mit einer neuen Befindlichkeit konfrontierte. Mal freute er sich darauf, Vater zu werden, und kaufte schon ein Mobile für die Wohnung, die er aber nicht suchte, mal beschloss er, sofort nach Amerika zu gehen, weil er noch zu jung für das alles sei und seine Freiheit brauche, sorry … Dann redete er sich Asthma-Anfälle ein, die psychosomatisch seien, ganz klar, weil er der Vaterrolle nicht gewachsen sei. Er machte Stress mit ganz neuen, ausgefallenen Fruchtwasser-Untersuchungen, über die er gelesen hatte, er sprach eine ganze Nacht lang von seiner Angst, keine sexuelle Lust mehr empfinden zu können, wenn er mit einer Mutter im Bett sei.

Mag sein, dass die Autoren in diesem Fall nicht das letzte Tüpfelchen von Objektivität walten lassen, nicht völlig frei sind von Parteinahme. Deshalb wollen wir sehr vorsichtig formulieren: Der Mann, der sich zuerst für das Kind entschieden hat (nach langem Hin und Her), war dann im Laufe der Schwangerschaft für seine Frau alles andere als eine Stütze.

Wäre aber nicht genau das seine Aufgabe gewesen? Hätte er seine eigenen Zweifel und Unsicherheiten nicht vor ihr verbergen müssen, weil sie selber genug davon hatte? Wenn schon, dann hätte er mit einem Freund reden können oder dem eigenen Vater. Wäre es nicht sein Job als Mann gewesen, seiner schwangeren Frau das Gefühl von Sicherheit zu geben, und zwar koste es, was es wolle? Wir zwei, wir schaffen das, verlass dich drauf.

Nein, die Frauenstimme bleibt jetzt still. Jeder weiß, was sie sagt (*Mein Mann soll lieber mit mir reden als mit einem Freund*). Das führt nicht weiter. Wir hören lieber einen Mann.

Der theoretische Physiker Rudolf Mößbauer hat seinen Studenten in einer Vorlesung mal einen bemerkenswerten

Tipp gegeben: Wenn man nicht mehr so recht weiter weiß, bei einem physikalischen Problem oder ganz allgemein im Leben, dann empfiehlt es sich, seinen Mantel zu nehmen und ins Freie zu gehen. Man sucht sich einen abseits stehenden Baum und redet mit ihm. Ein Laternenmast tut es übrigens auch, so der Professor. »Erklären Sie dem stummen Zuhörer so lange Ihr Problem, bis Sie es selber begriffen haben und klarer sehen.« Man dürfe sich von dieser Methode keine Wunder versprechen, aber sie sei sehr hilfreich, und *ein* positiver Effekt sei immer damit verbunden: Man belästige andere Menschen nicht mit der eigenen Verdrießlichkeit und Unentschlossenheit.

Ob es die Beziehung zwischen Holger und unserer Freundin gerettet hätte, sei dahingestellt. Als das sieben Pfund schwere Mädchen Laura zur Welt kam, waren die beiden jedenfalls schon getrennt.

Wir aber möchten den Tipp des Physikers in unsere Anleitungen zum Männlichsein aufnehmen. Nummer 17 also: Natürlich muss ein Mann Ängste aussprechen können, Zweifel, Unsicherheiten. Aber das hat auch seine Grenzen. Es gibt Situationen, in denen er Dinge besser mit sich selbst abmacht, weil seine Stärke gefragt ist, nicht seine Schwäche. Mößbauer-Effekt könnte man diese Anleitung nennen. Aber die Bezeichnung ist schon vergeben. Sie hat etwas mit Quantenenergie zu tun, der Professor hat dafür den Nobelpreis bekommen.

Einer sein, in dessen Gegenwart sich andere sicher fühlen. Fest steht: Wer immer um das eigene Befinden kreiselt, wem die eigene Sicherheit also das Allerwichtigste ist, der wird nicht so einer sein, nie.

Wir blenden Jahrzehnte zurück, ins Getto von Warschau. 200 Kinder werden da gerade zusammengetrieben, man wird sie gleich in Reih und Glied zu einem Güterzug nach Treblinka führen. Es sind Kinder aus einem jüdischen Waisenhaus. Der Mann, der dieses Waisenhaus aufgebaut und geleitet hat, der Arzt Dr. Janusz Korczak, marschiert auch mit zum Bahnhof. Mehrere Angebote zu seiner eigenen Rettung schlägt er aus. Die Blicke der Kinder, ihre Angst… Janusz Korczak begibt sich in die Mitte der Kinder, singt mit ihnen ein Lied – und fährt mit ihnen nach Treblinka. Noch am selben Abend werden sie alle in der Gaskammer ermordet.

Die Entscheidung des Arztes Janusz Korczak, der seinen Waisenkindern bis zuletzt das Gefühl von Sicherheit geben wollte, ist eine große Heldengeschichte, verglichen mit ihr ist alles banal, und fast widerstrebt es einem, sie in einen alltäglichen Zusammenhang zu stellen. Aber sie hilft dabei, in dem verminten Gebiet der Männeridentität einen weiteren Begriff aufzusammeln, der eigentlich nur mit negativen Assoziationen verbunden ist: Die Bereitschaft zum Untergang.

Gehen wir ganz weit weg von allem, womit dieser Begriff behaftet ist: der wahnsinnigen Ideologie der Nationalsozialisten samt ihrer unsäglichen Nachfolger, die bis heute diese Melodie spielen. Lassen wir alles Martialische beiseite, auch Schwerter und Armeen, die Frage nach Leben und Tod, bleiben wir im normalen Leben. Die Bereitschaft, sich ganz und gar für einen Menschen einzusetzen, oder für eine Sache, ein Projekt, einen Plan – diese Bereitschaft enthält auch die Bereitschaft, dafür unterzugehen. Und zwar von Anfang an. Die Sicherheitszone verlassen, möglicherweise scheitern auf ganzer Linie, eine schlimme Niederlage einfahren – das ist gemeint.

Jeder Karriereberater hätte dem jungen Bob Dylan, der sich gerade in der Folkmusik-Szene einen Namen gemacht hatte, dringend davon abgeraten, seine akustische Gitarre gegen eine Elektrogitarre zu vertauschen. Genau das tat Dylan aber, weil er es für wichtig hielt, eine Brücke zur Rockmusik zu bauen, und er tat es sogar live, auf einem Festival. Um deutlich zu machen, wie mutig das war, wie sehr er damit alle gegen sich aufbrachte, genügt ein einziges Bild: Der Folksänger Pete Seeger beschaffte sich eine Axt, sprang auf die Bühne und wollte damit das Kabel von Dylans Elektrogitarre durchtrennen. Dass der kleine dünne Folksänger Robert Zimmermann, der sich Bob Dylan nannte, mit dieser Tat die Musik revolutionierte, konnte niemand ahnen, er selbst am allerwenigsten.

Die Bereitschaft unterzugehen. Vielleicht kann sie in unserer komplexen Welt eine Art Kompass sein, bei der Vielzahl von Dingen, mit denen wir uns gleichzeitig beschäftigen, bei den unendlichen Optionen, die uns ständig vor Augen geführt werden. Eine Art Kompass beim Beurteilen anderer: Wie wichtig ist ihm das, wovon er redet? So wichtig, dass er wirklich etwas einsetzt? Dass er möglicherweise auch damit untergehen würde? So einer gibt das Gefühl von Sicherheit, auf den kann man sich verlassen.

Der Hundeschlittenführer Krister, 192 cm groß, 50 Jahre alt, den einer der Autoren erlebte, wie er im Eis Nordschwedens 200 Huskies bändigte – und so trainierte, dass sie Touristen brav durch die Landschaft zogen, dieser Mann war kurz davor etwas ganz anderes von Beruf gewesen. Ein Beamter war er, Abteilungsleiter einer Behörde in Göteborg, einer, der gern Tennis spielt, gut essen geht und ein – so schien es – für ihn zugeschnittenes angenehmes Leben führte. Bis er sich in eine Norwegerin verliebte, die einen Traum hatte: eine Hundeschlittenfarm, weit weg von allen Menschen. Krister kündigte, machte alles, was er besaß, zu Geld, packte seine Sachen und setzte auf ein Unternehmen, das am Anfang nur aus einem Stück Land bestand, einem verfallenen Haus – und einem fotokopierten Zettel, der bei ein paar Reisebüros hinterlegt wurde: Geführte Hundeschlittentouren.

Auch im eigenen Leben, bei eigenen Entscheidungen, lohnt es sich, diesen Kompass zu benutzen. Die Anleitung zum Männlichsein Nummer 18 besteht nur in der Aufforderung, viel öfter eine einzige Frage zu stellen. Man muss sich diese Frage selbst stellen (höchstens darf man die Hilfe eines Laternenmasts beanspruchen), und man muss sie beantworten. Sie lautet:

Wie weit würdest du dafür gehen?

In dem Film »Taxi nach Tobruk« sitzen vier Männer in der Wüste mit einem kaputten Jeep fest, einer davon ist der bullige Lino Ventura. Die Sonne brennt, der Sand ist heiß und weit. Die Hoffnung, dass ein Flugzeug kommt und sie entdeckt, schwindet, die Männer wissen, dass sie im Nirgendwo sind, viele Kilometer von irgendeinem Ort entfernt. Trotzdem schnallt sich Lino Ventura plötzlich sein Gepäck auf den Rücken, sagt, dass er jetzt keine Lust mehr hat zu warten, verabschiedet sich knapp und stapft auf einer geraden Linie hinaus in die Wüste.

Auf die Zurückgebliebenen scheint die Größe dieses Bildes, der kleiner werdende Punkt im endlosen Sand, durchaus seine Wirkung zu haben.

»Dieses Rindvieh«, sagt einer, »er wird nicht weit kommen.«

»Ich weiß nicht«, entgegnet der andere. »Ein Rindvieh, das läuft, kommt jedenfalls weiter als drei Philosophen, die diskutieren.«

21. Kapitel

DER SPIELER

Die Welt ist zu groß für Dich & Telegramm aus Astrachan & Der letzte Donnerstag

Der Kellner kommt, grinst und sagt, der Schinken-Käsetoast dauert noch ein bisschen, er muss neu gemacht werden, die Jungs in der Küche haben ihn im Toaster vergessen, er ist zu einem kleinen schwarzen Keks verschmort. Es ist ein Samstagmorgen in Berlin, ziemlich früh noch, draußen ist es neblig und kalt. Unser Kellner macht noch einen recht verschlafenen Eindruck. Auch der Mann hinter der Bartheke. Er telefoniert, gereizt, plötzlich etwas lauter. »Damit wir uns richtig verstehen, Du kannst machen, was Du willst. Aber ich«, sagt er in den Hörer, »ich mache das jedenfalls nicht. Auf gar keinen Fall.«

Unsere letzte Verabredung in Sachen Mann. Wir haben nur noch eine kleine Strecke vor uns, den Weg zu unserem letzten Satz. Er hat etwas mit einem Foto zu tun, das einer der beiden Autoren, wie verabredet, mitgebracht hat. Fünf Männer sind darauf zu sehen, ein etwas altmodisches Gruppenbild, mit dem falschen Lächeln, das Menschen haben, die nicht gern fotografiert werden. Eine Kartenrunde ist das, zum Spielen haben sich diese fünf immer getroffen.

Um die Kunst des Spielens, in einem sehr philosophischen Sinne, und um die Mentalität des Spielers – darum dreht sich auch unser letzter Satz.

Wir erzählen uns Spielregeln. Zum Beispiel diese eine im Pokerspiel. Viele kennen sie gar nicht, dabei ist sie sehr wichtig, besonders in einem philosophischen Sinn. Die höchsten Karten, die es beim Pokern gibt, das beste Blatt also, ist der sehr seltene Royal Flush, viele langjährige Pokerspieler haben ihn nie in ihrem Leben in der Hand gehabt: Zehner, Bube, Dame, König, Ass in einer Reihe, in einer Farbe. Einer, der dieses Blatt hat, kann sich eigentlich sicher sein, dass er das Spiel gewinnt. Weil er nicht verlieren kann, kann er also jeden Geldbetrag setzen. Eigentlich. Könnte. Wenn es nicht diese eine Regel gäbe: Falls nämlich ein Royal Flush im Spiel ist, und nur dann, gibt es automatisch eine noch höhere Karte: den kleinsten Vierständer, zum Beispiel vier Zweier oder vier Sechser, je nachdem, mit wie vielen Karten man spielt.

Der Sinn dieser Regel ist klar: Im Pokerspiel darf es keine Sicherheit geben, nie, unter keinen Umständen darf sich jemand sicher sein, dass ihm nichts passieren kann. Das Gefühl, dass sich plötzlich, zu jedem Zeitpunkt, alles drehen kann, ist die einzige Konstante dieses Spiels.

Die nächste Regel kommt aus einem Kinderspiel. Uno heißt es. Dabei sitzen Leute um einen Tisch, eine Familie zum Beispiel, und legen der Reihe nach ihre Karten in der Mitte ab. Sieger ist, wer als erster keine mehr hat.

Um das zu erreichen, muss man dem anderen möglichst viel Böses antun, das heißt, ihn zwingen, lästige zusätzliche Karten aufzunehmen. Die kleine Regel, um die es uns geht, ist hochintellektuell, sie führt mit der Methode der paradoxen Intervention im Grunde zu den Wurzeln des Christentums und zum kategorischen Imperativ von Kant. Beim Uno-Spiel gibt es nämlich eine spezielle Karte, die die Spielrichtung umdreht und dafür sorgt, dass das, was einer einem anderen antun will, ihm stattdessen selbst widerfährt.

Das bayerische Schafkopfspiel hat folgende Besonderheit anzubieten: In der Regel spielen zwei Teams gegeneinander, zwei gegen zwei. Doch das Problem ist, man findet erst im Laufe des Spiels heraus, mit wem man zusammenspielt – und wer am Tisch der Feind ist. Die Moral von dieser Schafkopfgeschichte, die Botschaft: Frage nicht, wer dein Freund ist, der Antwort kannst Du nicht trauen, sie ist nichts wert. Überprüfe es im Leben und kalkuliere Überraschungen ein.

Die Weisheit der Spielregeln. Es gehört zu den ewig wiederkehrenden Fragen, welche klugen Menschen all die klugen Texte verfasst haben, die in der Bibel stehen. Aber unverständlicherweise fragt nie jemand: Wer sind die genialen Denker hinter solchen Spielregeln? Die auf scheinbar simple Art so deutlich machen, worum es geht im Leben. Der gerade Weg ist manchmal der längste, das Naheliegende ist plötzlich verschwunden, das Schwere ist auf einmal leicht.

In fast jedem Brettspiel ist die sechs auf dem Würfel ein Hit. Nicht so in dem Spiel Weltreise, oder jedenfalls meistens nicht. Hier ist die sechs gefürchtet. Wie der Name schon sagt, fährt man bei diesem Spiel um die Welt, und zwar mit einem kleinen bunten Plastikmännlein. Man reist auf komplizierten Wegen, mit Bahn, Schiff, Flugzeug, zu den entlegensten Orten. Wen seine Aufgabe zum Beispiel nach Mexiko-City treibt, ist wenig begeistert, wenn er kurz vor dem Ziel eine sechs würfelt. Sechs heißt nämlich Telegramm. Und zumindest einer der Autoren glaubt, sich bis heute an den wörtlichen Text eines solchen Telegramms zu erinnern: Sofort in

Astrachan eine Tonne Kaviar abholen. Astrachan liegt nördlich des Schwarzen Meers in Russland. Wer Weltreise spielt, lernt schnell: Man kommt nicht immer dort an, wohin man aufgebrochen ist.

Soll sich jetzt keiner täuschen, worauf wir mit der Betrachtung des Spielens hinauswollen. Als wir das allererste Mal in diesem Café saßen, haben wir auch festgelegt, worüber wir auf keinen Fall in Sachen Mann schreiben werden. Ganz oben auf dieser Liste stand das viel beschworene »Kind im Mann«. Ein Synonym für falsche Emotionen, ein Alibi für feiges Zurückweichen, ein Etikett zur Vertuschung ungelebten Lebens. Der Büromann, der mit dem Hobby »Drachen steigen lassen« kokettiert (aber nie einen steigen lässt), ist längst auch eine Karikatur.

Wir meinen es mit dem Spielen sehr ernst. Wenn man all unsere Anleitungen zum Männlichsein grob zusammenfasst, dann bedeuten sie: Der Mann muss aus seinem Tiefschlaf aufwachen. Wir haben im Grunde gesagt: Leg dich an mit der Welt, und das bleibt die Botschaft – auf allen Ebenen, die hier besprochen worden sind. Aber jetzt, im letzten Kapitel, kommt eine Warnung: Die Welt ist größer als Du. Lassen wir die Glücklichen beiseite, die diese Tatsache über ihre Religion und ihren Glauben regeln.

Manchmal hat man das Gefühl, die Welt ist so angelegt, dass man sie nie ganz erreicht, immer fehlen ein paar Zentimeter, mindestens. In der Liebe rennt man an, in der Kunst rennt man an, der Schriftsteller Max Frisch hat das beschrieben, wie die Texte ihn immer unzufrieden zurückließen, weil zwischen seiner Ahnung von Wahrheit und den Worten auf dem Papier dann doch immer ein Unterschied war.

Recht haben, aber nicht Recht bekommen, das gehört da auch dazu. Friedrich Dürrenmatt hat eine Parabel geschrieben, den Kriminalroman »Das Versprechen«. Kommissar Matthäi stellt dem Kindsmörder eine Falle, um ihn zu überführen und zu verhaften. Aber der Mörder kommt nicht, alle Berechnungen und Vermutungen waren anscheinend falsch, der Kommissar zerbricht daran, endet tragisch. Was er nie erfährt: Der Mörder war schon auf dem Weg in die Falle, aber er hatte einen Autounfall und kam ums Leben. In der deutschen Verfilmung mit Heinz Rühmann endet die Geschichte mit einem Happy-End. Auch in Amerika gab es gewaltige Kämpfe mit Happy-End-süchtigen Produzenten. Nur den Autoritäten von Regisseur Sean Penn und Hauptdarsteller Jack Nicholson war es zu verdanken, dass die härtere Spielart des Lebens ins Kino kam.

Wie viele Leute sprechen ständig davon, dass die Dinge eigentlich hätten anders laufen müssen. Wenn nur … hätte ich doch … wäre nicht … warum bloß … weshalb nicht … Die Weisheit des Spiels, die Mentalität des Spielers: Ein Spieler weiß, das »hätte« und »wäre« ist nichts Besonderes, sondern selbstverständlich, es gehört einfach dazu. Es ist nicht der Rede wert, dass jedes Spiel auch hätte anders laufen können. Es gibt nur eine Antwort darauf: das nächste Spiel.

Einer der beiden Autoren erinnert sich an ein Gespräch mit dem Leiter eines Finanzamtes und dessen Vater, einem Schuster und Kioskbesitzer. Die beiden Männer waren sehr unterschiedlich. Der Junge, der Finanzbeamte, war ein außerordentlich sicherheitsorientierter Mensch, einer, der alles vorausplanen wollte, eher ängstlich, oft in Sorge. Der Alte, der Schuster, hatte ein Leben lang den Ruf, leichtsinnig zu sein. »Mein Vater, wissen Sie«, sagte der Junge, schüttelte den Kopf und meinte es durchaus vorwurfsvoll, »mein Vater lebt immer nur von einem Tag auf den anderen.« Darauf fiel dem Alten eine ziemlich gute Antwort ein, und er meinte sie sehr ernst: »Und Du auch. Du weißt es nur noch nicht.«

Anleitung zum Männlichsein, Nummer 19: Die Welt ist größer als man selbst. An dieser Tatsache kann man zerbrechen. Oder man kann dieser Ausweglosigkeit einen gewissen Charme entgegensetzen. Die Kunst zu spielen, die Weisheit des Spiels hat diesen Charme.

Dass dies übrigens eine reine Angelegenheit von Männern ist, ist ein Fakt, wir müssen gar nicht näher darauf eingehen. Frauen spielen nicht. Der eine Autor schwört, Frauen spielen nie, keine einzige von ihnen. Der andere ist ein bisschen weicher. Er behauptet, mal von einer gehört zu haben, die freiwillig, mit anderen Erwachsenen, also nicht der Kinder wegen, »Fang den Hut« gespielt hat.

Wir könnten jetzt in unserem Café in Berlin ein paar Leute imaginär an unseren Tisch bitten, um unsere Anleitung zum Männlichsein zu untermauern. Zum Beispiel den Philosophen Georg Wilhelm Hegel, der im Laufe seines Lebens so viel nachgedacht und aufgeschrieben hat, dass schließlich andere den Marxismus draus gemacht haben. Die letzten Jahre seines Lebens hat er nur noch mit einer einzigen Tätigkeit verbracht: Karten spielen. Oder den großen Wirtschaftstheoretiker Adam Smith, der gesagt hat, man mache sich doch die Mühe mit diesen Wirtschaftstheorien nur deshalb, damit die Menschheit mehr Zeit zum Spielen habe. Und so weiter und so fort. Aber wir lassen das.

Wir haben einen anderen Beweis. Einer der Autoren holt das Foto aus seinem Jackett und legt es auf den Tisch.

Die fünf Männer. Jung waren sie damals noch, Ende zwanzig. Zwei Lehrer, ein Anwalt, ein Schuhgeschäftinhaber. Und ein Journalist, unser Vater. Über fünfzig Jahre alt, das Bild. Jeden zweiten Donnerstag haben sie sich zum Kartenspielen getroffen, Schafkopf, zwei gegen zwei, einer schaut zu. Manchmal in der Wirtschaft, aber auch zu Hause bei einem der Spieler. Natürlich immer um Geld, bis in die Nacht. Es gab bei diesen Abenden ein paar Rituale. Zum Beispiel, dass nur der Verlierer das Ende bestimmen konnte, nur er konnte die letzte Runde ansagen. Jeder noch einmal Karten ausgeben, dann war Schluss. Und auch, dass über nichts geredet wurde, was nicht zum Spiel gehörte. Legendär war der Versuch des Schuhladenbesitzers, ein paar wenige Worte über seine sechswöchige Chinareise zu verlieren. »Spielen wir jetzt Karten – oder erzählst Du von Deinem Urlaub?« Wer den Schuhladenbesitzer so zum Schweigen brachte, ist nicht sicher überliefert. Fest steht aber, dass nie wieder einer der fünf eine Begebenheit aus seinem Urlaub erwähnte.

Wir bestellen nochmal zwei Kaffee, schauen das Foto an, nur einen von den fünf. Wir erinnern uns an einen Dezembertag, an diesen ziemlich beschissenen Tag. Und trotzdem sind wir jetzt guter Dinge, weil wir mit dem Schreiben der nächsten Zeilen dieses Buch unserem Vater widmen.

Die Sonne schien, ein später Vormittag, eine kleine Bauernkirche, ein schöner, auf einem Hügel gelegener Friedhof. Eine mächtige Trauergemeinde steht an seinem Grab. Viele Blumen, die Kränze, die Schärpen, letzter Gruß … Einer der fünf aus der Kartenrunde, einer der beiden Lehrer, schwer geworden inzwischen, mehr als zwei Zentner, tritt vor und wirft einen kleinen Strauß auf den Sarg. In die Blumen hineingebunden waren Karten, das beste Blatt beim Schafkopfen.

Später in der Dorfwirtschaft, bei Kaffee und Kuchen, nahm der schwere Lehrer uns beiseite. Und er erzählte vom letzten Donnerstag, vom letzten Spiel mit unserem Vater. Den Anfang dieses Abends kannten wir. Er war schon lange immer wieder für Stunden ans Sauerstoffgerät angeschlossen, eines stand im Wohnzimmer, eines im Schlafzimmer, er war abgemagert, die Schmerzen waren schlimm geworden. Doch an diesem Abend, wenige Tage vor seinem Tod, fühlte er sich plötzlich stark genug, um nochmal zu seinen Freunden zu fahren. Er fuhr selbst mit dem Auto – aber er kam viel früher als sonst zurück.

Wie es dort in der Wirtschaft gewesen war, davon sprach jetzt sein Freund. Wie sie sich gefreut haben, dass er aufgetaucht ist, sie wussten ja, wie es um ihn stand, jeder von ihnen hatte ihn schon besucht. Wie sie gemerkt haben, dass er aber heute abend nicht zum Reden gekommen war, sondern zum Spielen. Wie sie dann registrieren mussten, wie schwer ihm alles fiel. Wie er dann auf die Toilette ging, zurückkam und diesen einen Satz sagte, von dem alle gleich wussten, das ist sein Abschied: »Ich spiele meine letzte Runde.«